EXPÉDITION

DE

QUIBERON.

IMPRIMERIE DE J. TASTU,

RUE DE VAUGIRARD, N° 36.

EXPÉDITION

DE

QUIBERON,

SUIVIE

DE L'ÉVASION DES PRISONS DE VANNES.

PAR M. LE BARON LECHARRON,

ANCIEN LIEUTENANT-COLONEL D'INFANTERIE ;

AVEC UNE CARTE DE LA PRESQU'ÎLE DE QUIBERON, RÉDUITE PAR L'AUTEUR D'APRÈS CELLE DE CASSINI, ET 4 GRAVURES PAR M. BENCE.

OUVRAGE

Dédié au Roi

ET

FAISANT SUITE AUX MÉMOIRES SUR LA RÉVOLUTION FRANÇAISE.

✻

—Assez et trop long-temps nous avons souffert
de la guerre civile ; ses effets sont monstrueux.
--Rien de noble ne se fait sans hasard.

✻

PARIS.

AMBROISE DUPONT ET RORET, LIBRAIRES,

RUE VIVIENNE, N. 16. EN FACE DE LA RUE COLBERT.

URBAIN CANEL, LIBRAIRE,

RUE SAINT GERMAIN-DES-PRÉS. N. 9

———

1826

AU ROI.

SIRE,

VOTRE MAJESTÉ ayant daigné permettre à un de ses dévoués serviteurs de lui présenter le récit des événemens de Quiberon, il ose mettre sous ses yeux le tableau des faits dont il a été témoin.

Puisse VOTRE MAJESTÉ agréer le fidèle hommage et la reconnaissance d'un ancien officier qui n'oubliera de sa vie le bonheur que lui accorda

la Providence en l'amenant, après l'avoir sauvé,
à bord du vaisseau où il fut si généreusement
accueilli par VOTRE MAJESTÉ.

Je suis avec respect,

SIRE,

De Votre Majesté,

Le très-humble, le très-obéissant
serviteur et fidèle sujet

Le baron Lecharron.

AVANT-PROPOS.

Des parens, des amis m'ayant souvent pressé d'écrire la relation de Quiberon et de mon évasion des prisons de Vannes, à la suite de cette catastrophe, je me détermine à les satisfaire. J'ai oublié beaucoup de choses antérieures à ces événemens, j'en ai oublié de plus rapprochées; mais les circonstances de cette triste expédition ont été si frappantes pour moi, mon salut a été si difficile à effectuer, que l'empreinte en est profondément restée dans ma mémoire, et que je n'ai besoin que de laisser courir la plume.

La généreuse pensée d'élever un monument aux mânes des victimes de Quiberon est tout près d'être exécutée; c'est pour moi un motif de plus d'occuper les loisirs de ma retraite, en faisant ce récit dans un moment où tous les Français sont réunis de cœur et d'esprit sous le sceptre d'un Roi universellement aimé.

En outre, une lecture attentive des différentes relations publiées depuis quelques années sur l'affaire de Quiberon, et les inexactitudes ou omissions involontaires que j'y ai remarquées, m'ont fait sentir l'utilité de publier aussi la mienne.

Je crois nécessaire que tous ceux qui ont été acteurs dans ce drame lugubre et funeste, racontent naïvement ce que leur position particulière les a mis à même de voir et d'apprendre, c'est le vrai moyen d'arriver à une solution claire, exacte et impartiale sur ce point historique.

EXPÉDITION

DE

QUIBERON.

CHAPITRE PREMIER.

Débarquement.

Les horribles forfaits de ceux qui avaient rendu la France veuve de ses rois, la plongeant de plus en plus dans un abîme de maux, notre malheureuse patrie exhalait ses plaintes au dehors par tous les moyens possibles. La Convention était aussi abhorrée des Français de l'intérieur que de ceux de l'extérieur. Les cœurs généreux, les honnêtes gens de toutes les classes s'entendirent; et le gouvernement britannique apercevant dans cette disposition des esprits quelques chances de succès, se décida à ordonner les préparatifs d'une expédition sur les côtes de Bretagne. Cet armement, composé de Français enrégimentés en Angleterre, devait être suivi d'une seconde division commandée par mon-

seigneur comte d'Artois en personne. La
première expédition embarquée à Southampton mit à la voile le 14 juin 1795,
sous l'escorte de l'escadre légère du commodore sir John Warren, et mouilla le 26 suivant, dans la soirée, en rade de Quiberon.
La frégate *la Pomone*, que montait sir John,
ayant fait signal aux vaisseaux de transport
d'envoyer dans ses eaux des chaloupes char-
gées de troupes pour le débarquement,
l'ordre fut exécuté avec promptitude, et de
tous les points de la rade ces chaloupes vinrent se ranger autour de la frégate où elles
passèrent le reste de la nuit. Le lendemain
matin, 27 juin, le comte d'Hervilly dirigea le
débarquement sous la protection d'un brick
de guerre, et se jetant à l'eau à la tête des
grenadiers de son régiment, les troupes, à
son exemple, l'eurent bientôt rejoint. Un
détachement de républicains avait pris les
armes pour s'opposer à la descente; mais trop
faible, il ne tarda pas à se retirer, et ce ne
fut pas sans perdre quelques hommes dans
sa rencontre avec Georges Cadoudal et le
capitaine Mercier, dit *la Vendée*, accourus
au-devant de nous à la tête d'un corps de

chouans. Les chaloupes retournèrent à l'escadre pour se charger du reste de notre petite armée, et en moins de deux heures elle
était réunie sur un terrain élevé, à une
demi-lieue du bourg de Carnac.

Nous restâmes dans cette position pendant
le temps nécessaire au débarquement de l'artillerie, et l'on prépara le logement des troupes dans les villages des environs, en même
temps qu'on leur distribuait du biscuit de la
provision des vaisseaux. Sur la colline où
nous étions rassemblés nous ne paraissions
qu'une poignée d'hommes. Aussi nous ne
pûmes nous défendre d'une espèce d'étonnement, quoiqu'on nous apprît en ce moment même que les premiers auteurs de notre
expédition avaient promis à nos princes et au
gouvernement anglais que peu de jours après
notre débarquement nous serions joints par
plus de soixante mille Bretons.

Nos forces étaient d'environ trois mille
hommes; elles se composaient du régiment
incomplet de La Châtre ou Loyal-Émigrant; de celui de d'Hervilly, de quatorze
cents hommes; de celui d'Hector, dont les
officiers appartenaient à l'ancienne marine

royale ; de celui de Dudresnay, et d'un corps d'artillerie commandé par M. de Rotalier. A cette petite armée qui ne ressemblait qu'à une avant — garde, était attaché un corps de dix-huit ingénieurs, sous les ordres de MM. Lenglé et Duportal, officiers supérieurs.

En dehors de ces troupes d'exécution, étaient M. le comte de Puisaye et son état-major. M. de Puisaye, investi du commandement général des mouvemens royalistes qui pourraient s'effectuer en Bretagne à notre débarquement, se logea au hameau *Lesgenès*, le plus proche de la plage. Royal-Louis occupa le bourg de Carnac, les chouans la hauteur de Saint-Michel, et les autres régimens furent répartis dans des cantonnemens très-rapprochés. On s'attendait à marcher en avant le lendemain, en laissant derrière soi des détachemens par échelons pour la communication avec l'escadre. Mais nous vîmes huit jours s'écouler dans cette position, où nous n'étions distraits que par l'arrivée successive des hommes des campagnes d'alentour, qui nous joignaient au cri de « vive le roi! » tambour battant, bannière blanche déployée, et souvent conduits par leurs *recteurs*, nom que l'on donne dans cette province aux curés. On leur distribuait des armes, des uniformes et des cartouches; puis ils s'en retournaient. Il en vint environ treize à quatorze mille.

Le premier homme de notre petite armée qui déserta, fut ramené par les chouans, et fusillé près du monument celtique de Carnac. Les officiers furent invités à se pourvoir de chevaux comme ils le pourraient. Les gens du pays refusaient d'abord nos guinées; mais reconnaissant l'impossibilité d'être payés en louis-d'or, ils finirent par les recevoir. Ils étaient aussi étonnés que nous de nos délais sur la côte; et le bruit s'étant répandu que le général Hoche, qui avait retiré ses troupes d'Auray, de Vannes et d'autres points lors de notre débarquement, était revenu de sa surprise, et s'occupait à les réunir; nous reçûmes enfin, le 4 juillet au soir, l'ordre de partir de Carnac, où nous fûmes ramenés après trois heures de marche, pour être de nouveau mis en mouvement dans la soirée du lendemain.

Le régiment Royal - Louis arriva à la

pointe du jour en vue du fort Penthièvre,
se forma aussitôt en quatre colonnes d'attaque (une pièce d'artillerie en avant dans
l'espace de chaque colonne), et marcha sur
le fort. L'ennemi ne faisant aucune démons-
tration de défense, M. d'Hervilly envoya par-
lementer; et nous vîmes avec quelque inquiétude ce général entrer dans le camp retranché, situé à la gauche du fort. Mais il revint
un quart-d'heure après nous annoncer que la
garnison avait capitulé ; et M. de Boissieux
reçut l'ordre d'aller avec sa compagnie de
grenadiers prendre possession du fort Penthièvre, où nous vîmes avec joie déployer
le drapeau blanc.

Du rhum ayant été distribué à nos soldats qui étaient à jeun, produisit sur eux,
après une longue marche à l'ardeur des
rayons du soleil, un tel effet que, dans le
retour du régiment à Carnac, nous fûmes
obligés de laisser successivement en arrière
environ trois cents hommes, sous la surveil-
lance de quelques sous-officiers. Mais ils nous
rejoignirent bientôt.

Nous quittâmes Carnac pour la dernière
fois, le 7 juillet au point du jour, et le

régiment arriva vers midi au fort Penthièvre. Le premier bataillon de Royal – Louis
fut se loger à Kerdavid ; le second resta à
Kérostin, hameau situé sous la portée du
fort. Le corps d'artillerie de Rotalier occupa
sur la côte, à quelque distance de ce hameau,
le village de Portivy. La mémoire ne m'offre plus les noms des cantonnemens des autres régimens. M. de Puisaye s'établit au
Port–d'Orange, qui est le lieu le plus considérable de la presqu'île. Mais à peine avions-
nous pris possession de ce médiocre terri-
toire, qu'environ six mille habitans, hommes,
femmes et enfans, vivement poussés par les
colonnes du général Hoche, vinrent à la
hâte se réfugier sous notre protection; et
ce jour même, 7 juillet à dix heures du
soir, M. d'Hervilly, qui fut averti que l'ennemi prenait position sur la hauteur de
Sainte-Barbe (à l'extrémité de la langue de
terre sablonneuse qui sépare la presqu'île
de la terre ferme), se mit avec deux pièces
de canon à la tête de son régiment pour aller
à sa rencontre.

Nous marchions en silence, lorsque nous
fûmes aperçus par la sentinelle d'une garde

avancée, qui fit feu sur nous, et nous essuyâmes bientôt la décharge de la garde elle-même, qui blessa le marquis de Jumilhac, aide-major du premier bataillon. Je dois dire qu'à la grande surprise du colonel aussi bien que des officiers, quelques coups de fusil, tirés sans ordre dans la direction d'où était parti le feu de l'ennemi, furent suivis d'une décharge générale et d'un désordre dans les sections de la colonne que nous eûmes quelque peine à rétablir. Mais, continuant bientôt notre marche, nous étions arrivés si près des républicains que nous entendions crier : « Voilà les royalistes! sauvez les canons,...» quand, au lieu d'avancer au pas de charge, comme nous y étions disposés, on nous fit rester immobiles, l'arme au bras. L'ennemi, revenu de son étonnement, fit pleuvoir sur nous force boulets et obus, que le feu de nos deux pièces de campagne l'aidait à diriger. J'eus le chagrin de perdre les trois hommes de la droite de ma section, qui furent tués par un même boulet. La retraite fut ordonnée, et nous rentrâmes dans la presqu'île sans que l'ennemi songeât à nous harceler dans cette marche de nuit.

On nous remit en mouvement le 11 juillet de grand matin avec des forces plus considérables. Arrivés à une espèce de ravin qui coupe à peu près en deux parties égales la langue de terre qui nous séparait du camp de Sainte-Barbe, nous y restâmes en embuscade : puis sortant au pas de charge au premier coup de fusil qui partit du détachement qu'on avait envoyé en reconnaissance, nous poursuivîmes le poste opposé jusqu'à ce qu'il eût été joint par des troupes sorties de Sainte-Barbe avec plusieurs pièces de canon. Alors nous revînmes sur nos pas, suivis peu de temps par l'ennemi.

Dans un conseil tenu par le commodore Warren et MM. de Puisaye et d'Hervilly, une attaque générale fut résolue sur le camp de Sainte-Barbe, que le général Hoche fortifiait et armait de plus en plus.

Le comte de Vauban avait ordre de se porter sur la plage de Carnac avec douze cents chouans embarqués au port d'Orange. Il devait annoncer par des fusées le moment où il aurait pris terre ; puis marcher rapidement sur les derrières de l'ennemi, et l'annoncer par de nouvelles fusées. L'armée régulière déboucha du camp retranché vers minuit, en colonnes, par régimens.

Huit pièces de quatre étaient réparties en avant entre chaque colonne, et le régiment de Loyal-Emigrant (divisé en pelotons) ouvrait la marche en tirailleurs. Hector formait la colonne de droite, Dudresnay celle du centre, Royal-Louis la gauche; des chouans formaient l'arrière-garde. Les premières fusées du comte de Vauban furent aperçues au moment où nous étions parvenus vers le milieu de la langue de terre. Mais le feu de mousqueterie, qui se fit bientôt entendre dans la même direction, répandit parmi nous quelque inquiétude; et, les nouvelles fusées ne paraissant pas, ce sentiment ne put qu'augmenter. Nous continuâmes cependant notre marche.

Lorsque nous fûmes arrivés à petite portée de canon, M. de Saint-Cran, aide-major du second bataillon de Royal-Louis, donna l'ordre aux tambours de battre la charge, et la troupe marchait gaiement dans le sable, croyant s'emparer de vive force du camp ennemi. Les autres colonnes étaient également en mouvement, mais le feu très-vif des républicains paraissant présenter un violent obstacle sur la droite, on fit faire halte au régiment, et je vis M. de Saint-Cran, qui s'était rapproché de M. d'Hervilly, tomber mort à bas de son cheval. Le général, qui ne voulait former que deux colonnes d'attaque, avait commandé au régiment d'Hector de marcher en obliquant à gauche pour prendre la tête de la colonne de Dudresnay. Cette manœuvre fut arrêtée par l'ennemi, qui, découvrant les flancs de ces deux régimens, les foudroya en quelques minutes par un feu soutenu de mousqueterie et de canons chargés à mitraille. Un pli de terrain garantit en partie de ce feu notre régiment qui était plus bas, vers la gauche, le long de la mer. Au milieu du bruit terrible qui retentissait dans l'air obscurci par la fumée des bouches à feu, un officier de Dudresnay vint me demander place dans mon peloton. « Et votre régiment, Monsieur ? » lui dis-je avec surprise. — « Il n'y en a plus, » me répondit-il. Je montai sur l'élévation qui dominait le terrain sur lequel nous étions postés, et, à mon grand étonnement, je n'aperçus plus qu'une con-

fusion générale parmi le reste des deux régimens d'Hector et de Dudresnay, dont plus
de la moitié était étendue sur le champ de
bataille. Rejoignant alors ma troupe, je priai
l'officier, dont je viens de parler, de se pla-
cer sur la gauche de mon peloton à la garde
du drapeau.

Ce revers décida M. d'Hervilly à commander la retraite; et au moment où nous
l'exécutions, nous eûmes la douleur de voir
passer près de nous ce général blessé à
mort, pâle, sans force, et soutenu sur son
cheval par deux grenadiers. Presque au
même instant M. Pieusen, ancien adjudant
au régiment du Roi, et qui occupait le même
grade dans Royal-Louis avec distinction, fut
frappé par l'éclat d'un obus, qui vint rouler
entre mon peloton et celui qui le précédait.
J'avais fait porter cet officier par quatre de
mes soldats, mais l'un d'eux eut bientôt la
cuisse cassée d'une balle, et les autres nous
rejoignirent en abandonnant les deux blessés.

La poursuite de l'ennemi était vive; il
dirigeait sur nous le feu de cinq canons qu'il
nous avait enlevés: et des huit pièces qui

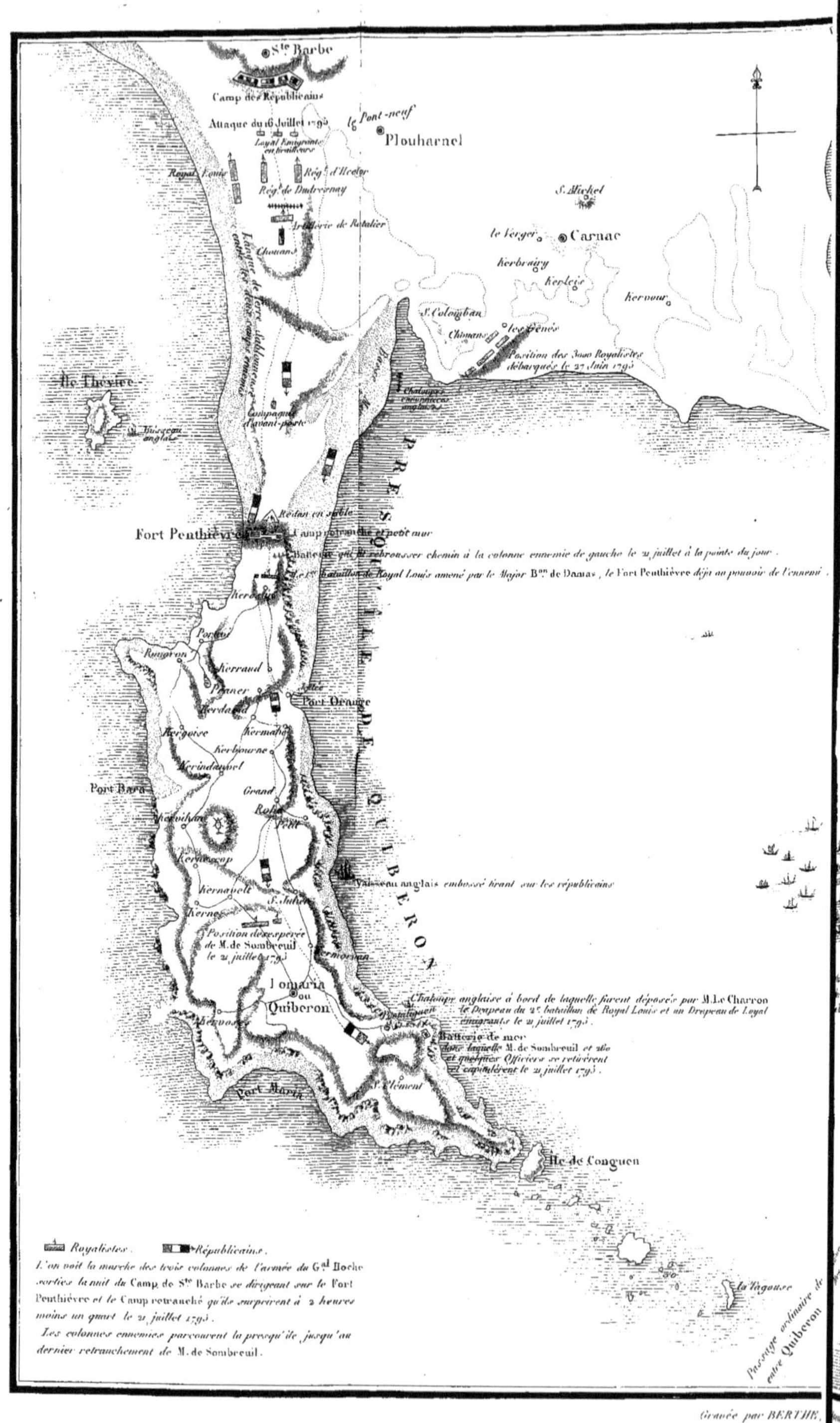

Ste Barbe
Camp des Républicains
Attaque du 16 Juillet 1795
le Pont-neuf
Plouharnel
Loyal Émigrants en tirailleurs
Royal Louis
Régt d'Hector
Régt de Dudresnay
Artillerie de Ratalier
Chouans
S. Michel
le Verger
Carnac
Kerbraisy
Kerleis
Kervour
S. Colomban
Chouans
les Génés
Position des 3000 Royalistes débarqués le 27 Juin 1795
Île Thévie
Langue de terre débloumée coulée sous l'eau à marée montante
Chaloupes canonnières anglaises
Compagnie d'avant-poste
Vaisseau anglais
Redan en sable
Fort Penthièvre
Camp retranché et petit mur
Batterie qui fit rebrousser chemin à la colonne ennemie de gauche le 21 juillet à la pointe du jour
1er Bataillon de Royal Louis amené par le Major Bon de Damas, le Fort Penthièvre déjà au pouvoir de l'ennemi
Kerhoüin
Portin
Rougeron
Kerraud
Praner
Kerdaval
Port Orange
Kergoise
Kermabo
Kerbourne
Kerindanhel
Port Bara
Grand Rohu
Petit
Penvihan
Kernascop
Kernavelt
S. Julien
Kernes
Vaisseau anglais embossé tirant sur les républicains
Position désespérée de M. de Sombreuil le 21 juillet 1795
Kermorvan
Lomaria ou Quiberon
Pentaligaut
Chaloupe anglaise à bord de laquelle furent déposés par M. Le Charron le Drapeau du 2e bataillon de Royal Louis et un Drapeau de Loyal émigrants le 21 juillet 1795.
Batterie de mer dans laquelle M. de Sombreuil et 260 et quelques Officiers se retirèrent et capitulèrent le 21 juillet 1795.
Penvose
Port Maria
S. Clément
Île de Conguen
la Vagouse
Passage ordinaire de entre Quiberon
Royalistes.
Républicains.
L'on voit la marche des trois colonnes de l'armée du Gal Hoche sorties la nuit du Camp de Ste Barbe se dirigeant sur le Fort Penthièvre et le Camp retranché qu'ils surprirent à 2 heures moins un quart le 21 juillet 1795.
Les colonnes ennemies parcourent la presqu'île jusqu'au dernier retranchement de M. de Sombreuil.
Gravée par BERTHE.
Rue

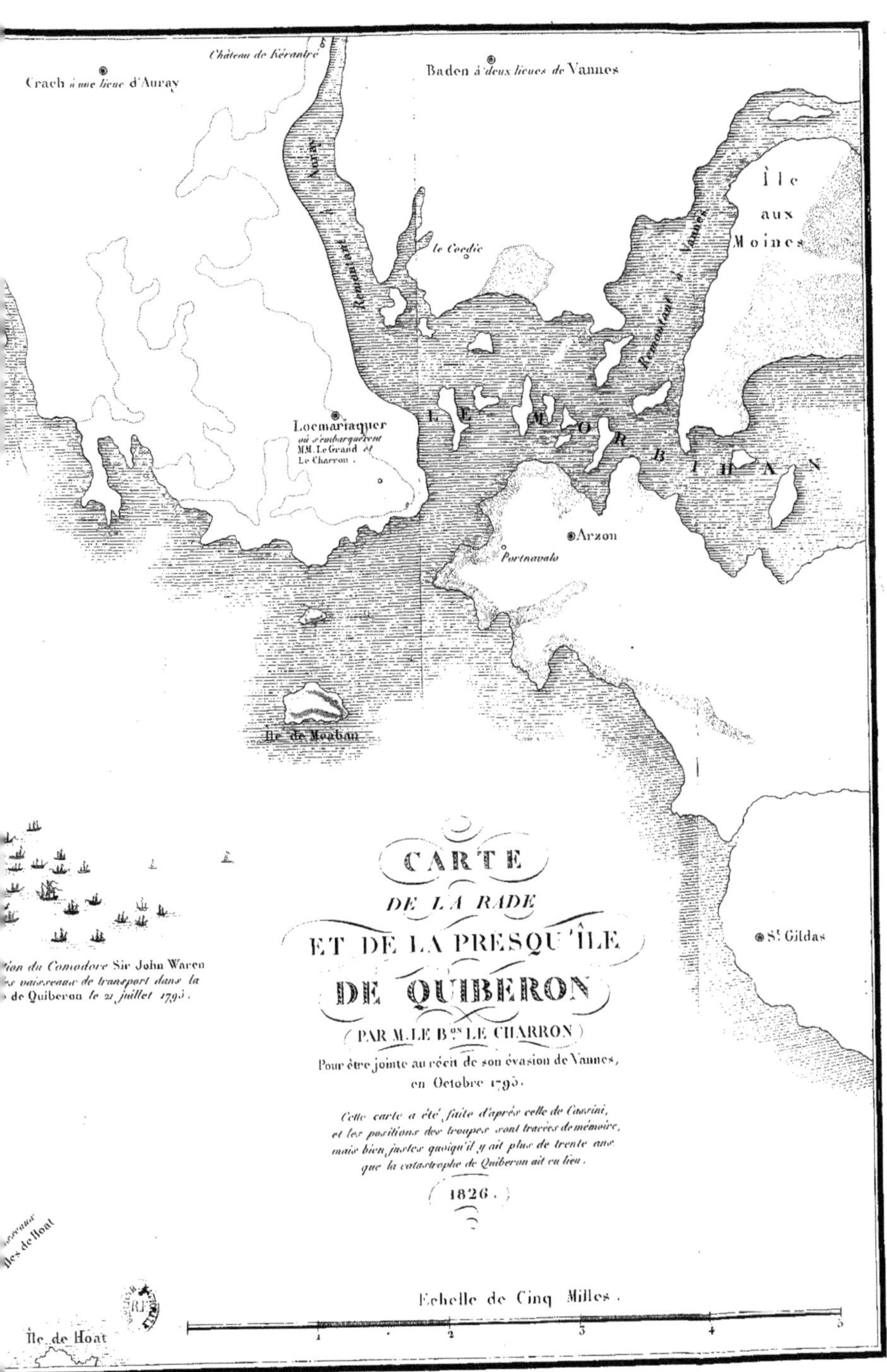

Crach à une lieue d'Auray
Château de Kérantré
Baden à deux lieues de Vannes
St Gildas
Île aux Moines
le Coedic
Locmariaquer
où s'embarquèrent
MM. Le Grand et
Le Charron.
LE MORBIHAN
Arzon
Portnavalo
Île de Moabau
ion du Comodore Sir John Waren
s vaisseaux de transport dans la
de Quiberon le 21 juillet 1795.
Île de Hoat
CARTE
DE LA RADE
ET DE LA PRESQU'ÎLE
DE QUIBERON
(PAR M. LE Bon LE CHARRON)
Pour être jointe au récit de son évasion de Vannes,
en Octobre 1795.
Cette carte a été faite d'après celle de Cassini,
et les positions des troupes sont tracées de mémoire,
mais bien justes quoiqu'il y ait plus de trente ans
que la catastrophe de Quiberon ait eu lieu.
1826.
Echelle de Cinq Milles.
1   2   3   4   5
iteur de Cartes Géographiques,
eques N.º 66.

composaient notre artillerie, nos braves canonniers ne purent en sauver que trois, en
les traînant péniblement dans les sables;
tous les chevaux avaient été tués. On se dé-
fendait en lions dans la retraite : vingt-cinq
ou trente cavaliers ennemis, qui s'étaient
aventurés contre nos tirailleurs, perdirent
tous la vie : le général républicain s'efforçait
de dépasser notre gauche, afin de nous couper le chemin du fort Penthièvre; notre
marche était rapide, en ordre et serrée.
Mais ce fut surtout le feu nourri des chaloupes canonnières anglaises qui prenaient
l'ennemi en tête et en flanc, qui nous aida
à arriver sous la protection du fort. Dans
cette position, M. d'Atilly, lieutenant-colonel, commandant le régiment, nous fit mettre en bataille, face à l'ennemi. Les drapeaux étaient criblés de balles : Royal-Louis
avait perdu quatre-vingt-dix hommes, officiers et soldats.

Le comte Charles de Sombreuil, qui était
arrivé dans la rade de Quiberon la veille de
cette fatale journée, à la tête d'environ
mille ou douze cents hommes, assista seul,
de sa petite armée, à cette affaire. Ses trou-

pes, débris de plusieurs régimens français
émigrés, qui avaient fait la guerre la plus
active en Flandre, s'étaient embarquées
dans un port du nord de l'Allemagne : elles
avaient été long-temps attendues à Southampton, devant faire partie de notre expédition.

L'ennemi, satisfait de nous avoir repous-
sés avec une perte aussi considérable, re-
gagna son camp de Sainte-Barbe, et nous
apprîmes, par le retour de M. de Vauban,
que le feu de mousqueterie qui avait suivi
les premières fusées que nous avions aperçues au point où il avait dû se porter, pro-
venait de la résistance qu'il avait trouvée de
la part des républicains, et qui força son
corps de chouans à se rembarquer.

Le général Hoche augmentait ses forces;
nos soldats, engagés en grande partie dans
les prisons des ports d'Angleterre, commen-
cèrent à déserter dans une progression alarmante, surtout depuis un malheureux pourparler qui eut lieu, le 18 juillet, aux avant-
postes, entre le général Humbert et un officier
de l'état-major de M. de Puisaye. Le chef
de l'expédition passait pour s'être trouvé

lui-même à l'entrevue, et le bruit s'était
répandu que nos blessés et nos prisonniers
étaient bien traités par l'ennemi. La vérité
est qu'ils furent tous fusillés.

CHAPITRE II.

Le 21 juillet 1795.

LE 20 juillet, à l'appel du soir, les compagnies du second bataillon de d'Hervilly étant assemblées en avant de Kérostin, chacun de nous avait depuis quelques jours le pressentiment d'un grand malheur. M. d'Atilly certifia nos tristes pensées sans le vouloir, par l'ordre qu'il donna de nous réunir sur le même terrain, en cas que l'ennemi vînt attaquer le fort Penthièvre et le camp retranché, pendant la nuit. Trois coups de canon et un fanal hissé au mât du pavillon blanc étaient les signaux d'alarme.

Après l'appel, nos compagnies rentrèrent dans une attitude morne à Kérostin, et chacun fut tristement se coucher. J'occupais, avec mon capitaine M. de Beaufort, le grenier d'une maison de paysan, dont l'escalier était en dehors; là, nous nous jetâmes tout habillés sur un tas de gouémon séché, et nous réfléchîmes, plus que nous ne l'a-

Bence, Fec.t

vions fait encore jusqu'ici, sur la mauvaise
position de notre petite armée, qui, pour
n'avoir point été portée en avant à l'instant
du succès de notre débarquement, se trouvait réduite aux abois et acculée dans une
pauvre presqu'île mal défendue par un
fort et un camp peu fortifiés, auxquels il
n'avait été ajouté qu'un redan. Notre situation devenait d'autant plus critique, que la
mer baissant beaucoup pendant les nuits
depuis quelques jours, la désertion en était
devenue plus facile et plus nombreuse. L'a-
venir ne nous offrait en perspective qu'un
effroyable désastre ; le temps qui était à l'o-
rage semblait comme un présage sinistre du
sort qui nous attendait ; mais fatigués de
corps et d'esprit, nous nous endormîmes
en nous disant : « A la grâce de Dieu ! »
Le 21, réveillés par un coup de canon
un peu avant deux heures, je dis à mon
capitaine : « Allons, c'en est fait, les voilà. » J'ouvre la porte, et j'appelle dans
la rue le sergent - major. Le vigilant
Kibre me répond : « J'assemble la compagnie. » Et, en un instant, nous l'amenons
sur le terrain indiqué la veille. M. d'Atilly

s'y était déjà rendu. Il nous envoya garnir un petit mur de pierres sèches au bas de la redoute de droite du camp retranché, qui, dans les marées hautes, fermait l'intervalle entre cette redoute et la mer. Bientôt rendus à notre poste, la nuit durait encore ; je cherchais à voir l'ennemi, et je ne voyais rien, lorsqu'un soldat, plus avisé que moi, me dit de regarder un peu à droite, et à l'instant il s'écria : « Les voici en colonne ! — Où donc ? — Là, à droite. — Mais c'est l'emplacement de la mer. — Oui, mon officier ; aussi sont-ils dans l'eau jusqu'aux genoux. » Alors j'aperçus une grosse colonne noire, qui bientôt s'arrêta et tourbillonna, ayant reçu une volée de la batterie de Loyal-Émigrant, dont les trois boulets, après avoir sifflé au-dessus de nos têtes, furent tuer dix-sept *bleus*. Cette colonne, la gauche des trois que le général Hoche avait fait marcher sur nous, rétrograda, et nous entendîmes très-distinctement les républicains s'écrier : « A la trahison ! on nous envoie à la boucherie. » Hélas ! que n'en fût-il de même à notre gauche ! Mais les *Belges* de la colonne ennemie de droite, guidés par nos transfuges,

avaient escaladé et tourné les tertres et rochers de la gauche du fort Penthièvre, et
tuaient tout ce qui faisait résistance. Ils
abattirent le fanal. Nos canonniers n'eurent
que le temps de tirer le seul coup que nous
avions entendu à Kérostin, et dont le bruit
ne parvint pas, au milieu des rafales du
vent, jusqu'à l'extrémité de Quiberon. Par
un motif dont je ne peux rendre raison, il
avait été laissé dans le fort trente ou quarante nègres désarmés faisant partie du bataillon républicain qui s'était rendu à la
sommation du comte d'Hervilly. Ces nègres
se joignirent aux Belges qui pénétrèrent dans
le fort, et écrasaient avec des boulets ceux
de nos gens qui s'étaient empressés de monter du camp retranché au fort aussitôt qu'ils
eurent entendu le vacarme qui s'y faisait.
Les Belges, en partant du camp de Sainte-
Barbe, s'étaient vêtus des capotes et chapeaux de nos hommes tués ou blessés à la
sanglante affaire du 16 juillet. Leur avant-
garde fut rencontrée par une patrouille de
Loyal-Émigrant, commandée par M. de Lapeyrouse, neveu de l'infortuné et célèbre
navigateur. Elle trompa cette patrouille, en

lui répondant par les signaux et par le mot
d'ordre des royalistes, et se fit prendre pour
un détachement du régiment d'Hervilly.
M. de Lapeyrouse ne reconnut sa méprise
que lorsqu'il eut été enveloppé. Mais, en ce
moment, l'ennemi se garda de se porter aux
extrémités, parce qu'il savait avoir devant
lui une compagnie d'avant-poste; il continua sa marche, et dut bientôt la rencontrer.
C'était la cinquième de notre bataillon
commandée par M. d'Arbouville, lieutenant
de feu M. le marquis Le Tourneur, et qui
avait relevé la compagnie de Beaufort. On
ignore les détails de leur approche; mais
soit que les transfuges qui conduisaient l'ennemi aient gagné, soit qu'ils aient intimidé
les soldats de M. d'Arbouville, personne de
cette compagnie ne vint porter un avertisse-
ment au fort Penthièvre ni au camp retranché, et l'on n'a plus revu M. d'Arbouville
qui paraît avoir été poignardé.

La connaissance des localités et notre mot
d'ordre livré par nos déserteurs à l'ennemi,
furent les principales causes de sa réussite
et de notre malheur. En effet, le fort Penthièvre, clef de la presqu'île de Quiberon,

se trouvant au pouvoir des républicains,
alors tout fut perdu pour nous, malgré les
attaques et résistances partielles que tentè-
rent M. d'Atilly avec le second bataillon, et
M. le baron de Damas, major du régiment,
qui arriva en toute hâte, de Kerdavid, à la
tête du premier bataillon.

Les autres corps, et entre autres les mille
ou douze cents hommes de vieilles troupes
de M. de Sombreuil, ne furent avertis et ne
purent marcher que trop tard sur le fort
Penthièvre. Il a sans doute été commis de
grandes fautes d'imprévoyance, et plusieurs
de nous les remarquaient : mais ici, je n'ai
à m'occuper que des faits et de leur triste
résultat.

Quoique enrôlés dans les prisons d'Angleterre, nos soldats jusqu'alors s'étaient bien
montrés aux quatre affaires que nous avions
eues depuis le débarquement à Carnac ; mais
découragés par notre dernier échec, ils nous
abandonnèrent. Forcés par leur dispersion
de nous retirer individuellement, je donnai
le bras au comte de Beaufort, mon capitaine, homme âgé, d'une taille peu élevée,
qui avait la vue basse et marchait avec diffi-

culté. En nous retirant vers le port d'Orange,
nous vîmes la terre couverte de fusils; l'idée
nous vint de rallier des soldats qui couraient
de tous côtés , et nous nous trouvions ainsi
à la tête d'une centaine d'hommes , lorsque
notre sergent-major Kibre se réunit à nous
avec le drapeau du second bataillon. Il avait
été le prendre chez M. d'Atilly expirant d'un
coup de feu, reçu au moment où il nous
avait conduits dans le camp retranché après
la surprise du fort.

Nous nous dirigeâmes sur la jetée du port
d'Orange où beaucoup de monde était déjà
rassemblé; et là, nous fîmes agiter en tout
sens le drapeau, afin d'indiquer autant qu'il
nous était possible, notre cruelle position à
l'escadre anglaise mouillée dans la baie, à
une lieue au large. Les colonnes ennemies
avançant bientôt, la jetée se trouva si en-
combrée de fuyards, de femmes et de paysans, que pour ne pas éprouver le sort de
ceux que la crainte et la presse faisaient tomber à la mer, nous commandâmes à notre
troupe un mouvement en arrière. Ce mouvement brusquement exécuté devint funeste
à sept ou huit personnes qui furent renver-

sées dans les flots au pied de cette jetée étroite et faite en galets. Notre vue se portait sur un vieux chasse-marée que beaucoup de nos gens s'étaient efforcés de pousser à l'eau. Ils s'y réfugièrent avec précipitation : mais ce bâtiment qui n'était pas calfaté, s'enfonça dans la mer à environ cent toises du rivage. Nous longeâmes alors la côte jusqu'à une petite anse où faisant mettre en bataille, face à la mer, le peu d'hommes que nous avions réunis, nous nous décidâmes à attendre que quelque chaloupe de l'escadre vînt à nous. Durant cette cruelle attente, un volontaire de Loyal-Émigrant qui avait la cuisse cassée, et qu'un chouan portait sur ses épaules, reconnaissant en moi l'ancien quartier-maître de ce régiment, me pria en grâce de ne pas l'abandonner. Cet infortuné jeune homme fut placé en avant de nous sur la grève, ainsi que la femme d'un officier allemand, et nous les assurâmes qu'ils ne seraient point oubliés, si nous avions le bonheur de nous embarquer.

Nous fûmes joints par un peloton du régiment de Rotalier sous les ordres d'un sergent ; comme nous voulions rester maîtres de notre anse, j'ordonnai de tirer, s'il le fallait, sur la foule des fuyards qui enfonceraient nos rangs pour se jeter dans les chaloupes que nous attendions avec grande impatience. Nous vîmes enfin un canot se diriger vers nous, prenant le milieu de l'anse pour éviter l'affluence des chouans, hommes et femmes, qui couvraient les tertres inclinés et glissans de la droite et de la gauche de notre position. Ces malheureux se portant aveuglément vers ce qu'ils croyaient un moyen de salut, se précipitèrent aussitôt dans la mer, et se noyèrent au nombre de soixante ou quatre-vingts.

Étant entrés dans la mer à la tête de nos soldats, bientôt l'eau nous monta jusqu'à la poitrine et nous fit chanceler.

Le canot n'osait avancer : nous commandâmes *en arrière*, et nous ne jugeâmes qu'alors ce que nous aurions tous dû remarquer auparavant, que cette petite embarcation pouvait à peine contenir sept à huit hommes. Dans cette pénible situation, l'honneur nous dicta facilement le parti qu'il y avait à prendre. Nous nous écriâmes : « Camarades, vos officiers ne vous quitteront point. Nous nous

embarquerons tous ensemble, ou nous mour-
rons avec vous. Mais profitons du moins de
cette petite barque pour sauver notre drapeau, » et à l'instant le cri généreux et unanime se fit entendre : « Sauvons notre drapeau. » Prenant alors moi-même ce signal de
ralliement, qui, hélas! ne nous était plus nécessaire, je le tendis à un jeune et grand
sous-lieutenant de notre régiment, qui s'é-
tait réuni à nous ; il était rentré dans la mer
plus avant que moi, et il présenta le drapeau
par la lance à un des hommes du canot.
Dans ce moment, M. de Maillé, ancien capitaine de royal des vaisseaux, accourant à
nous, un drapeau de Loyal-Émigrant à la
main, me pria instamment de faire aussi
embarquer le sien ; j'y consentis volontiers,
mais ce drapeau se trouvant plus court que
le nôtre, manqua de faire noyer le sous-lieutenant et moi-même, parce que nous fûmes
forcés d'avancer davantage à l'eau pour
atteindre la barque. Je crois me rappeler
que ce jeune officier portait le nom de Tassy.
Il était de Toulon ou des environs.

Satisfaits d'avoir au moins soustrait nos
drapeaux à l'ennemi, nous les suivîmes bien

tristement des yeux, tandis que le canot s'é-
loignait.

Cependant on vint nous avertir que M. de
Sombreuil était dans un retranchement à
cent pas de nous, avec quelques troupes :
nous nous y portâmes rapidement en gra-
vissant les rochers, et aussitôt que nous y
fûmes arrivés avec perte de plus de la moitié de nos gens, qui s'étaient évadés dans le
trajet, j'aperçus une forte colonne ennemie
arrêtée à demi-portée de fusil. Je plaçai des
soldats aux créneaux du retranchement,
et je leur commandai de ne tirer qu'à mon
ordre.

M. de Sombreuil qui n'avait pu réunir un
corps de troupes suffisant pour se porter sur
le fort Penthièvre, et qui ne se voyait pas
même en état de tenir en échec les colonnes
républicaines, s'était retiré avec une compagnie de chasseurs allemands, dans le retranchement où nous venions nous-mêmes
de parvenir. Beaucoup d'officiers s'y étaient
individuellement ralliés : les domestiques
avec les chevaux de bagages avaient suivi
leur exemple. Quelques canonniers enfon-
çaient dans les canons des boulets entourés

de leurs chapeaux déchirés, pour ôter aux *bleus* les moyens de tirer sur les chaloupes de l'escadre s'ils parvenaient à s'emparer de cette position.

C'est alors que deux officiers généraux se détachèrent à cheval de la colonne ennemie pour venir à nous. Ils avaient le chapeau à la main, et nous criaient de nous rendre. M. de Sombreuil forma à la hâte une espèce de conseil de guerre des officiers qui se trouvaient près de lui. Les deux généraux s'étant avancés vers un petit mur à hauteur d'appui qui fermait la gorge de la batterie que nous occupions, M. de Sombreuil leur demanda quelle serait la garantie en cas de capitulation ? Ils répondirent : « L'honneur et l'humanité française. » Il y eut alors entre M. de Sombreuil et l'un des généraux un pourparler que je n'entendis pas, et pendant lequel m'apercevant qu'un sergent du régiment, Suisse de nation, cherchait à franchir le petit mur pour passer à l'ennemi, je l'arrêtai brusquement en le menaçant de lui passer mon épée à travers le corps. Saisi de frayeur, il me demanda grâce; puis, pendant la durée de la conférence, je rejoignis M. de Beaufort et plusieurs officiers du régiment, que je ne quittai plus pendant cette longue journée, la plus triste de ma vie.

Dans cette situation nous fûmes étonnés de voir le second des généraux ennemis, qui s'étaient présentés, s'avancer droit à nous en nous disant : « Jetez-vous à la mer. » — « Monsieur, lui répondit-on de notre côté, votre général capitule avec le nôtre. » — « Jetez-vous à la mer, nous criait-il encore. » La colonne bleue n'avançait point, nous nous rapprochâmes tous des bords de la mer, tandis que le général Hoche nous criait avec colère : « Faites donc cesser le feu des Anglais. » Mais nos voix s'adressaient en vain à une corvette embossée sur notre gauche qui tirait sur une colonne ennemie. Deux officiers de l'ancienne marine royale se mirent à la nage vers ce bâtiment pour l'engager à cesser son feu, et à nous prendre à son bord. Mais le temps s'écoulait, l'impatience s'empara du général ennemi et de ses troupes ; l'état d'incertitude et le danger où nous étions nous fit remonter sur les rochers ; et là, nous trouvâmes les *bleus* éparpillés, qui s'emparaient des chevaux,

des valises et des sacs. A cette heure tout
était perdu pour nous.

Un soldat ennemi me demanda mon épée;
sur le refus que je lui faisais de la lui rendre « : On va vous la prendre, me dit – il,
autant que je l'aie qu'un autre; » et il ajouta
sur-le-champ : « Hélas ! Monsieur, je pense
aussi bien que vous. — Et comment vous
trouvez-vous ici ? — Domestique d'un émigré qui ne pouvait plus me garder, il y
a un an que je suis rentré, et que j'ai été
obligé de m'enrôler dans la troupe. —Eh
bien ! lui dis-je alors, reste avec moi, je te
récompenserai. »

J'appelai M. de Beaufort qui était resté
quelques pas en arrière ; et après l'avoir aidé
à enjamber une crevasse de rocher, je vou-
lus le mettre avec moi sous la sauve-garde
de ce soldat; mais il n'était plus temps: sa
bourse d'environ cinquante guinées avait déjà
été prise. Je fus plus heureux à l'égard de
MM. de Briges et d'Arbelade qui, protégés
par mon homme, conservèrent soixante-
dix ou quatre-vingts guinées.

Mon soldat me présenta une pancarte
qu'il me dit être une proclamation des re-

présentans du peuple , et je m'occupais à la lire , lorsqu'il m'avertit qu'un homme à cheval qui venait de paraître était *Talien*, député de la Convention. Je m'avançai vers lui : « Citoyen , lui dis-je , je lis sur cette feuille que vous ne voulez que le bien des Français; et nous aussi nous ne sommes revenus dans notre patrie, que pour contribuer à son bonheur.» Le bruit qui se faisait autour de nous ayant empêché Talien de m'entendre, il me pria de répéter ce que je venais de dire, et me répondit : « Passez , Monsieur, dans la colonne des prisonniers, il ne vous sera point fait de mal.» Il montait un cheval brun, était vêtu d'une redingote bleue , et son chapeau rond était entouré d'un large ruban tricolore. Je fus frappé de ses yeux noirs, de son teint pâle et de son visage allongé.

La colonne des prisonniers se mit en marche ; je donnai le bras à M. de Beaufort, et le soldat qui m'avait demandé mon épée nous suivait. Un détachement ennemi nous escortait à droite et à gauche. Parvenus à la hauteur du Port-d'Orange que nous laissions sur la droite, nous y vîmes les *bleus* s'abandonnant au pillage, et tirant dans leur ivresse des

coups de fusil au hasard. Des balles sifflè-
rent à mes oreilles, et sans les craindre
comme sans les désirer, j'eus la pensée qu'un
coup de fusil pourrait me délivrer de cette
affreuse situation. Je venais d'être indigné
de l'enlèvement brutal de mon chapeau uniforme, qu'un *bleu* monté sur un de nos chevaux m'avait pris en galoppant près de nous,
me donnant en échange son vilain chapeau
qu'il me mit sur la tête avec force. Qui dans
sa vie n'a éprouvé de vives impatiences pour
d'assez minces contrariétés ?

Sur le chemin que nous suivions nous
étions de temps en temps forcés d'enjamber
par-dessus les corps morts de nos camarades : du moins leur sort à eux était décidé ! Lorsque nous eûmes gagné le camp
retranché attenant au fort Penthièvre, je
donnai une guinée au soldat qui nous avait
protégés ; il fut aussi récompensé par M. de
Briges. Sur pied depuis deux heures du
matin, nous étions harassés de fatigue ; nous
cherchâmes à nous réunir par régimens, et
nous nous assîmes, péniblement occupés de
l'affreuse situation à laquelle nous étions
réduits : nos pensées et notre entretien se

reportèrent sur notre colonel qu'une blessure mortelle, reçue à l'affaire du 16, avait
mis hors d'état de commander, sur nos camarades tués ou blessés, sur ceux que l'on
présumait avoir pu s'embarquer. Le malheur
nous rendait peut-être injustes envers plusieurs de nos chefs; il est cependant certain
qu'il fut commis des fautes inconcevables
dont les officiers et même les soldats intelli-
gens avaient gémi et gémissaient encore.

Vers les quatre heures de l'après-midi la
faim et la soif se faisaient cruellement sentir,
lorsque des officiers républicains, qui sur-
vinrent, nous formèrent en colonne par
quatre; on nous compta et l'on nous dirigea
vers le camp de Sainte-Barbe avec une escorte à droite et à gauche; nous rencontrâmes et dépassâmes aisément une colonne
de malheureuses femmes des campagnes qui
s'étaient réfugiées sous notre protection dans
la presqu'île, puis nous essuyâmes une pluie
abondante vers le milieu de la langue de
terre; nous avions alors en vue un vaisseau
de guerre anglais à peu de distance de notre
gauche : « Ah! dis-je à M. de Beaufort, plût
» à Dieu que ce vaisseau lâchât une bordée

» sur notre escorte ! nous serions emportés
» avec elle, et notre malheur serait fini. »
Car je ne comptais guère sur la capitulation
accordée à M. de Sombreuil, quoique plusieurs officiers républicains eussent l'attention de nous la rappeler : bien malgré moi je
ne pouvais oublier ce cri qu'avait répété le
général, « jetez-vous à la mer. » Affaibli
par la faim, je demandai à un soldat du pain
mouillé qu'il avait au-dessus de son sac, j'en
obtins un morceau que je partageai avec
M. de Beaufort, et ce fut notre unique nourriture pour supporter les fatigues de cette
journée la plus accablante de ma vie.

Aux approches du camp le général Humbert nous fit communiquer de la tête à la
queue de la colonne que l'on nous conduisait
à Auray, que nous pouvions compter sur les
égards dus aux prisonniers, si nous voulions
donner notre parole d'honneur de ne pas
tenter de nous échapper en route. Harassés
comme nous l'étions, n'ayant nulle connaissance du pays, la mort dans l'ame, nous
promîmes de suivre. Peu après on nous fit
traverser le camp ennemi où nous recon-
nûmes les retranchemens d'où nous avions

été foudroyés à notre attaque du 16; nous vîmes des fossés en carrés longs qui avaient servi d'abri à l'infanterie. Des cris me firent lever la tête : c'était des soldats félons désertés de nos rangs qui insultaient lâchement au malheur de leurs officiers. Le *væ victis* nous accablait comme l'avaient éprouvé avant nous, et comme l'éprouveront toujours les vaincus dans les guerres civiles.

Du camp de Sainte-Barbe à Auray, les chemins étroits dont la boue augmentait les difficultés, souvent resserrés entre de petits murs de pierres sèches, peu élevés, croisés par une multitude de routes ou de sentiers, forçaient notre escorte à des intervalles assez considérables ; et pendant la nuit surtout beaucoup d'entre nous auraient facilement pu s'évader ; mais nous fûmes fidèles à la promesse que nous avions faite « de suivre. » Nous étions, il est vrai, la plupart étrangers à ce pays ; mais qui n'aurait trouvé un asile sur cette terre de fidélité dont les habitans se glorifiaient d'être appelés *les Chouans!*

Nous arrivâmes à onze heures du soir à Auray ; les habitans avaient reçu l'ordre d'éclairer leurs fenêtres. On nous conduisit dans

l'église avec un grand nombre de malheureux paysans, et là, nous fûmes entassés
comme un vil troupeau, à la lueur d'une
seule lampe, sans pain ni eau pour nourriture, sans paille pour nous coucher. L'esprit
de corps, l'attrait naturel entre camarades
qui ont porté le même uniforme, nous fit
encore réunir par régimens. Hélas! quels
faibles débris! En nous voyant si peu, nous
réfléchîmes davantage à notre malheur. Une
convention fut faite entre nous de mettre en
commun l'argent que plusieurs avaient con-
servé. La fatigue appesantit enfin nos paupières, et l'on s'endormit.

Je m'éveillai à la pointe du jour, dans
ce lieu qui m'était inconnu; mon œil
affligé découvrit mes compagnons d'infortune couchés sur la pierre, et je remarquai que j'avais joui d'un sommeil profond sur une des marches qui séparent le
chœur de la nef de l'église. Mon imagination se détourne encore péniblement de la
misérable situation où se trouvaient avec
moi environ deux mille hommes dans le dé-
nuement de tout ce qui est le plus nécessaire
à la vie. M. de Sombreuil était de ce nombre;

je l'abordai et nous liâmes conversation. Le désastre auquel nous ne devions pas survivre l'exaspérait au point de le rendre, peut-être, injuste envers le chef de l'armée royale. Il me dit entre autres choses, et avec grande raison, qu'à l'arrivée des troupes sûres et aguerries qu'il avait amenées du continent, il aurait fallu faire relever par un de ces corps le second bataillon de Royal-Louis placé à Kérostin. Nous avions en effet eu cette pensée au moment où la désertion de nos soldats devint alarmante. Elle avait été communiquée à M. d'Atilly, qui en avait assurément fait part à M. d'Hervilly, général des troupes soldées. Mais ce chef était alors blessé à mort, et c'était à celui qui réunissait le commandement général depuis la malheureuse affaire du 16, à ordonner les changemens, et à prendre les précautions nécessaires pour éviter une surprise de nuit. Le conseil avait été donné de faire en avant du fort une large coupure. M. de Sombreuil avait ouvert l'excellent avis d'allumer la nuit une barrique de goudron, pour jeter sur la falaise une grande lumière; mais rien n'avait été fait, et malheureusement, au moment où

je causais avec ce jeune et valeureux général,
il n'était plus temps de rien faire ; il ne nous
restait qu'à mourir.

A quelque distance de nous, je distinguai
M. d'Hercé, évêque de Dol, que son zèle re-
ligieux avait porté à suivre notre expédition. Sa vue attirait l'attention et commandait le respect : il avait ce calme divin que
donne une longue résignation. Plusieurs
ecclésiastiques l'entouraient, et ils priaient
ensemble.

CHAPITRE III.

Prison d'Auray.

VERS neuf heures du matin, des commissaires parurent entourés d'une escorte, et nous signifièrent que les nobles eussent à se réunir pour être transférés ailleurs. Je pensai qu'ailleurs c'était à la mort. Nous nous trouvâmes au nombre d'environ deux cent soixante officiers ; on nous mena à la prison de la ville , et nous fûmes distribués dans des chambres, où nous étions tellement entassés, que celle où l'on me plaça avec les autres officiers de Royal-Louis et de Dudresnay renfermait quarante-cinq personnes. Les mieux avisés prirent place contre les murs, les autres furent réduits à passer les nuits dans l'espace du milieu, et, pendant huit ou dix jours que nous occupâmes cette prison, on nous refusa ce qu'on ne refuse jamais aux plus vils animaux ; le carreau humide nous servait de lit. Les chouans ou paysans du pays furent aussi tirés de l'église pour être conduits dans un champ clos, entouré de postes et de sentinelles, et tous, ou peu s'en faut, furent fusillés ou moururent de la dysenterie.

Pendant les premiers jours de notre prison, il fut permis à quelques habitans de la ville de venir nous parler à la porte, aux heures où l'on nous accordait de prendre l'air dans la cour, et de bienfaisantes dames et demoiselles d'Auray obtinrent la permission de nous y préparer notre nourriture. Plusieurs d'entre elles étaient jeunes et jolies; et toutes s'acquittèrent de cette charge avec un empressement aimable : ce sexe, si éminemment sensible et charitable, cherchait à nous donner des consolations, des espérances. D'après les douces paroles de nos bienfaitrices, nous nous laissâmes aller à croire que la *Convention* aurait égard à la capitulation faite entre M. de Sombreuil et le général Hoche. Cet espoir avait acquis de la probabilité par les discours obligeans de plusieurs officiers républicains qui avaient reconnu parmi nous quelques-uns de leurs anciens chefs. L'espérance et la douce facilité de se communiquer ranimèrent les esprits et

firent naître des liaisons pleines de candeur
et de sincérité. On est si confiant dans la
jeunesse, la pitié est un lien si puissant,
l'attrait des cœurs est si irrésistible, que
même dans les situations les plus malheureuses, et qui laissent le moins d'avenir, il y a
encore assez de temps pour aimer : aussi les
plus vifs de nos jeunes camarades surent-ils
bientôt se faire des protectrices, des amies
zélées, prêtes à braver pour eux les plus
grands périls. Mais, hélas ! les douces illu-
sions ne tardèrent pas à s'évanouir, et au-
cun, peut-être, n'a pu profiter du tendre
intérêt qu'il avait su inspirer pour échapper
à la mort.

Un soir que j'étais descendu à la cuisine
du geôlier pour procurer un bouillon à M. de
Beaufort qui était malade, j'y vis, avec surprise, M. de Sombreuil assis devant la table, écartant ses cheveux et considérant dans
un miroir son front tout noirci. « Il était cependant bien appliqué,» disait-il. Autour de
lui se tenaient debout, avec l'expression du respect, plusieurs officiers républicains; ils m'ap-
prirent qu'ils avaient obtenu, sur leur respon-
sabilité, la permission de mener ce général

souper à leur auberge; que, tandis qu'ils étaient à table, M. de Sombreuil, ayant vu déposer sur le lit une ceinture de pistolets, s'était levé précipitamment, avait saisi une de ces armes et en avait dirigé le coup contre sa tête. Ces officiers s'étaient alors précipités vers lui, étonnés de le voir encore sur pied. La balle était tombée du pistolet et le coup n'avait fait que brûler le front et les cheveux du jeune général.

Cet événement fut suivi de mesures plus sévères de la part de nos gardiens : les communications furent supprimées. Les officiers et les soldats ne répondirent plus à nos questions que par monosyllabes. Les bruits les plus sinistres se répandirent. Tandis que tout concourait ainsi à produire le désespoir dans nos ames, notre prison s'ouvrit : on nous fit mettre en rang, sous une forte escorte, prendre le chemin de Lorient, et à une demi-lieue des murs de la ville, on commanda : *halte*. J'écoutais les moindres discours des officiers, je cherchais à lire dans leurs yeux l'objet de notre sortie; mais ce fut un mystère impénétrable, et l'on ne tarda pas à nous ramener sur nos pas. A notre

rentrée dans Auray , M. de Lalandelle, mon
camarade du régiment d'Hervilly, baissait la
tête. « Pourquoi êtes-vous si abattu? » lui
demandai-je? — « Hélas ! j'évite les regards,
» je suis de cette ville. »

CHAPITRE IV.

Prison de Vannes.

Peu de jours après, pendant l'heure de la matinée où nous prenions l'air dans la cour de la prison, des officiers républicains entrèrent et nous dirent qu'on allait faire un détachement de cent cinquante d'entre nous pour les envoyer à Vannes, où M. de Sombreuil, l'évêque de Dol, les ecclésiastiques et M. de Lalandelle avaient été conduits la veille. On laissa le choix de rester à ceux qui ne se souciaient pas de faire les trois lieues de distance qui séparent les deux villes. J'eus bientôt pris mon parti, qui fut aussi celui de mes camarades de Royal – Louis, de faire ce voyage. En passant un à un par la porte, un commissaire des prisons, fort honnête homme, me remit furtivement dans la main ma tabatière, ma montre et un crayon d'argent que je lui avais confiés, en le priant de les faire parvenir à ma famille. La tabatière renfermait l'adresse d'une de mes sœurs, et mes adieux à tous mes parens et amis.

J'accostai cette fois M. du Charmois, brave et loyal homme, mon parent. Notre escorte était plus forte qu'à l'ordinaire, elle se composait de gendarmes en tête et en queue, et de fantassins sur les flancs. Au moment des haltes nécessaires, il n'était permis à personne de sortir du rang : nous fûmes indignés de cet excès de précautions à notre égard. Nous entrâmes à Vannes au pas redoublé, et nous y fûmes placés dans un grand enclos de murs fort élevés. Le dénouement approchait : j'entendis un petit aide-de-camp dire à un officier supérieur, en badinant avec sa cravache et en jetant, de l'air le plus fat, un coup-d'œil distrait sur nous : « Cela sera bientôt » fait ; on vient de former trois commissions » militaires. »

Nous nous assîmes silencieusement sur l'herbe, et je pensais qu'on allait nous juger à la suisse, en plein air, et nous fusiller dans cet enclos. Un soldat avait été puiser de l'eau dans la forme de son chapeau, creusée avec le poing ; je lui en demandai ; l'extrême soif que nous éprouvions rendit agréable à

M. du Charmois et à moi le partage qu'il nous en fit. Après une station d'une demi-heure, on nous fit reprendre nos rangs, et l'on nous conduisit, tambour battant, dans une église du faubourg, où le séjour d'un grand nombre de malheureux chouans avait répandu une odeur infecte. Je n'y entrai qu'avec la plus grande répugnance morale et physique ; tandis que je me roidissais contre mon malheur, je fus reconnu par un jeune soldat qui avait été enfant de chœur à *Méré*, paroisse d'un de mes oncles. Il ne pouvait, hélas ! que souffrir de ma situation et me le témoigner. Je lui remis le dernier petit écu (1) qui me restait, et le priai de m'acheter du pain blanc que je partageai avec quelques-uns de mes camarades, en leur disant : « Prenez, Messieurs, c'est » notre dernier repas. » Je joignis ensuite

---

(1) Pensant que je pourrais rester tué ou blessé dans nos combats, j'avais remis quarante-cinq pièces d'or à un volontaire du régiment de La Châtre que j'avais amené avec moi dans le régiment d'Hervilly, où il fut employé à la suite du quartier-maître, et je ne gardai que cinq guinées dans ma poche.

M. du Charmois et les deux frères d'Ambois, mes anciens camarades de Loyal-Émigrant, et nous nous assîmes dans une petite chapelle, sur une vieille couverture qu'ils avaient apportée.

C'est dans cette position que nous apprîmes, avec la plus vive douleur, que ce jour même, à sept heures du matin, M. de Sombreuil, l'évêque de Dol, tous les ecclésiastiques qui l'accompagnaient, et M. de Lalandelle, avaient été fusillés. Notre sort n'était pas difficile à prévoir. L'abbé Poulain, notre aumonier, était avec nous, occupé à confesser, dans un coin de l'église. Vers les trois heures, un détachement de *bleus* s'étant présenté et ayant demandé douze personnes de bonne volonté pour passer à la commission, ce respectable prêtre se leva : « Chevaliers français, dit-il à haute voix, toujours fidèles à Dieu et au roi, faites un acte de contrition ; vos péchés vous sont remis. » Et il donna sa bénédiction par un grand signe de croix. Nous nous sentîmes tous fortifiés par cette absolution générale, et douze d'entre nous se placèrent hardiment entre les rangs du détachement. De ce nombre, ma mémoire me rappelle M. de Navailles, du régiment d'Hervilly, ancien lieutenant de vaisseau. A six heures, nous entendîmes un feu de mousqueterie, et nous eûmes bientôt le chagrin de voir un des soldats revenir demander les effets, dont notre pauvre camarade n'avait plus besoin. Dans la soirée, il ne parut pas d'autre détachement. Nous nous étions attendus à plus d'activité de la part de la commission militaire. On nous apporta, pour la première fois, de la paille, et, lorsque la nuit fut venue, tout ce qui se trouvait de monde dans l'église fit en commun la prière. J'étais bien tristement préoccupé, et le ton lamentable avec lequel des vétérans de Loyal-Émigrant récitaient les litanies de la Sainte-Vierge, ajouta encore à cette disposition. Ces vétérans étaient le reste d'une compagnie de cent vingt chevaliers de Saint-Louis, que le comte de La Châtre avait agrégés à son régiment. Mais ce qui nous causa beaucoup de surprise et de satisfaction, ce fut de voir la plus grande partie de la garde intérieure des républicains se mettre à genoux et prier avec nous.

4*

Après la prière, M. de Briges m'apprit qu'il avait été question de se jeter sur les fusils de ce poste, et de tenter l'évasion. « Et pourquoi, lui dis-je, ne l'a-t-on pas fait?.... — Hélas! qui ne sait, quelque pressantes que soient les circonstances, combien il est difficile de déterminer les hommes à agir! » Le coup était manqué, et le profond chagrin que j'en éprouvai, éloigna de moi le sommeil pour quelques heures, pendant lesquelles mes yeux parcouraient, avec un sentiment de pitié, les cent trente-sept compagnons d'infortune qui restaient autour de moi, et qui dormaient aussi paisiblement que s'ils eussent été assurés d'un long avenir. Nous étions pourtant tous condamnés à périr dès le lendemain. Ce jour fatal arriva. La prière faite, nous nous fîmes raser par un jeune soldat dont la douceur avait gagné notre confiance. MM. de Briges, d'Avaray et d'autres, lui remirent leur argent, des chaînes d'or, des portraits, des notes écrites au crayon, et, peu de temps après, les sinistres détachemens vinrent successivement demander douze victimes.

Dans un des intervalles de ces cruelles

visites, une consolation s'offrit encore à nos cœurs. Le jeune Berthier, de Loyal-Émigrant, qui avait l'air d'un enfant, revint au milieu de nous pour y prendre ses effets. Il avait obtenu un sursis. C'était à qui l'entourerait, le presserait dans ses bras. Nous reconnaissions, cependant, qu'échappant seul à la mort à cause de sa grande jeunesse, nous y étions tous condamnés. Mais au moment même de mourir, nous nous réjouissions de voir ce jeune camarade survivre à notre malheur. Chacun de nous lui recommandait ses amis, sa famille, et le félicitait de tout son cœur. Ah! quel moment! Hélas! en sortant, il emporta l'espérance!

Vers les dix heures, je partais, pour en finir avec ce monde; je m'étais mis au nombre des douze, et je donnais le bras à mon ami du Charmois. Mourir ensemble était une dernière consolation. « Restez, me dit à l'oreille un de nos camarades, l'officier de garde vous connaît. » Je quittai le bras de du Charmois, qui ne changea pas de résolution. Je lui dis un dernier adieu; un autre prit ma place parmi les douze victimes, et au bout de quelques heures elles n'existaient plus.

J'abordai l'officier de garde, dont je cherchais à me rappeler la figure et le nom. Il me dit avoir été sous mes ordres en qualité de sergent d'une des compagnies de la seconde division, dont j'étais adjudant-major dans la dernière garde du roi Louis XVI. Je reconnus en lui un bon sujet. « Peut-être se lassera-t-on de tuer, me dit-il ; laissez passer les plus pressés. » Son conseil m'a sauvé la vie. Chaque retour funeste du détachement vida de plus en plus l'église pendant le cours de la journée, et le soir, nous n'y étions plus que huit prisonniers, pénétrés d'une sombre terreur. De bons habitans nous firent apporter des vivres. Force est de manger quand on attend la mort sans être malade.... Nous aperçûmes la main d'un prêtre qui se détachait de l'extérieur d'une petite fenêtre pour nous donner la bénédiction. Nous ne manquions pas de livres de prières ; j'en ouvris un. Je tombai sur un passage propre à fortifier mon ame, et que je relus plusieurs fois. Puis, je m'occupai des réponses que je

pourrais faire le lendemain à l'interrogatoire de la commission. Je les avais mises par
écrit, et je m'avisai de les montrer à un officier de gendarmerie, qui vint nous visiter.
Il s'appelait Lambert. C'était un homme
plein d'humanité, qui, le 21 juillet, au moment où nous allions entrer dans le camp de
Sainte-Barbe, excédés de faim et de fatigue,
avait eu la délicate attention d'offrir des fruits
à M. l'évêque de Dol, à M. de Sombreuil et
aux officiers qui étaient à la tête de la colonne des prisonniers. « Déchirez ces réponses, me dit M. Lambert, elles vous fe-
raient fusiller demain. » Il nous apprit qu'il
n'était accordé de sursis qu'aux étrangers et
à ceux qui avaient émigré avant l'âge de
quatorze ans. Cet avis m'inspira un nouveau
plan de défense, et fit renaître en moi un
peu d'espérance. Je profitai des provisions
que les bons habitans avaient apportées, et je
repris des forces avant de m'étendre sur la
paille, à la lueur sépulcrale que répandait
une seule lampe dans cette grande église,
où nous ne nous trouvions plus que huit
des cent cinquante qui y avaient été réunis
la veille.

J'engageai en vain MM. d'Enneval et de Charbonnau fils, mes camarades dans le régiment d'Hervilly-Royal-Louis, à se dire nés en pays étrangers. Il est malheureusement des personnes auxquelles il est impossible de persuader que, dans les circonstances périlleuses et hors de règle, il faut saisir le plus léger moyen de salut et s'en aider avec une sorte d'assurance. Pour moi, je me familiarisai avec les réponses que j'étais décidé à faire, et je dormis d'un profond sommeil. Au réveil, je quittai mon habit rouge; je le cachai sous la paille. J'ôtai les boutons uniformes de ma redingote, je quittai mon col noir, et, à sept heures, le détachement se présenta, et nous dit: « En avant! ce qui reste ici. » Au moment où nous allions partir, une voix s'écria : « M. Le Charron est-il là? » Je portai les yeux du côté où elle s'était fait entendre, et je reconnus un des voisins de mon oncle sous l'uniforme d'un officier républicain. « Vous allez périr, ajouta-t-il : je vous avais bien dit, il y a trois ans, que nous vaincrions toutes les difficultés.... » Je lui assurai que je ne périrais point, et je le priai de m'épargner ses réflexions. J'ajoutai que puisqu'il voulait bien encore prendre intérêt à moi, il m'obligerait de m'accompagner à la commission militaire. Il y consentit.

CHAPITRE V.

Premier passage à la commission militaire.

Nous trouvâmes peu de monde dans les rues que nous parcourûmes, mais tous ceux que nous vîmes nous témoignèrent, par leur attitude et leurs regards abattus, leur intérêt et l'impuissance de nous secourir. Mon plan de défense m'inspirait quelque confiance; je marchais tête levée. « Vous » n'avez pas peur, vous ! me dit un soldat » de l'escorte. — Pourquoi aurais-je peur? » je suis d'une république plus ancienne que » la vôtre. — Ah! ah! me dit-il avec quel- » que doute. — Plus ancienne très-certai- » nement, répliquai-je, car je suis de Bâle » en Suisse. — Nous avons aussi un Suisse » parmi nos caporaux, ajouta-t-il. — Tant » mieux ! m'écriai-je. »

Lorsque nous fûmes arrivés devant la porte de la maison commune, on nous fit attendre dans la rue que les membres de la commission militaire fussent réunis; et nous

eûmes en ce moment la douleur de voir
défiler les douze derniers de nos camarades,
qui avaient été condamnés la veille et qui
marchaient au supplice. Dans leurs rangs se
trouvait un domestique fidèle qui allait
partager le sort de son maître. Quelque
temps après le hasard fit passer à notre vue
le caporal suisse dont il avait été question
dans la courte conversation que j'ai rap-
portée. On l'appela : je lui dis d'abord en
allemand, qu'ayant quitté notre pays dans
mon enfance pour aller en Italie, sa langue
ne m'était plus familière ; et j'ajoutai en
français, que je serais bien aise qu'il se
trouvât dans la salle où je devais être jugé,
pour puiser des forces dans les regards d'un
compatriote avec lequel je voulais faire plus
ample connaissance.

Enfin, l'on nous introduisit dans la maison commune, et l'on nous fit monter dans
une chambre d'où nous devions paraître
successivement devant la commission. Peu
pressé de passer des premiers, je laissai sous
différens prétextes mes camarades me pré-
céder. Mais il fallut bien me présenter à mon

tour. Un gendarme, le sabre en main, me conduisit dans la salle du jugement, où mon œil découvrit deux à trois cents personnes assises. Lorsque je fus parvenu près d'un siége devant la table des juges, le président me dit : « Prenez place, *Monsieur.* » J'examinai rapidement leurs physionomies; celles du président, d'un capitaine de dragons, et l'expression douce de la figure d'un jeune sergent qui faisait l'office de greffier, me donnèrent quelque confiance.

Interrogatoire. — Vos noms et prénoms ? — Je répondis en les tronquant et en les abrégeant. — Le nom de votre père ? — *Idem.* — Celui de votre mère ? — *Idem.* — Votre âge ? — Trente-sept ans. Ce qui parut étonner : car j'ai long-temps eu l'air plus jeune que mon âge. — Mais la question d'où dépendait la vie ou la mort était : Votre lieu de naissance ? — Le village de Flü en Suisse (1), canton de Bâle. Sur cette réponse que je fis avec assurance et simplicité, j'en-

(1) Mon père était commandant du château de Landscron, sur les confins de l'Alsace, et j'ai été

tendis un léger murmure de contentement. Le capitaine de dragons se pencha vers le président, et lui dit à voix basse : « Sursis. » Mes oreilles et mes yeux étaient trop alertes pour n'avoir pas saisi ce qui m'était avantageux dans ce moment terrible. Mes couleurs durent revenir, et je pris ma tabatière en promenant mes yeux sur l'officier républicain, le voisin de mon oncle, sur le caporal suisse, sur l'ancien sergent de la garde de Louis XVI, qui m'avait donné le bon conseil que j'avais suivi, et sur quatre hussards de bonne mine qui se tenaient debout avec eux au milieu de la salle. On me fit plusieurs questions insignifiantes auxquelles il me fut aisé de répondre : mais celle-ci ne laissa pas que de m'embarrasser.... « Com-
» ment et pourquoi vous êtes-vous trouvé
» à Quiberon ? — Je suis un peintre suisse :
» j'habitais Londres temporairement. Un
» soir, vers onze heures, rentrant dans ma
» maison, des matelots se jetèrent sur moi,

---

nourri à Flü, canton de Bâle. Nous étions de l'ancien diocèse de l'évêché de Bâle.

» et malgré mes cris et mes efforts ils m'en-
» traînèrent à un vaisseau, d'où l'on m'a
» forcé à faire partie de ceux que vous avez
» pris le 21 juillet. Vous savez que les An-
» glais appellent cela faire *la presse.* »

———

CHAPITRE VI.

Translation à la Conciergerie de Vannes.

Après mon interrogatoire, qui fut écrit sur un gros cahier de papier jaunâtre, le président ordonna au gendarme qui s'était tenu debout derrière moi, de me conduire à la Conciergerie; et, en sortant, je vis pour la dernière fois mon cher capitaine, le comte de Beaufort, assis par terre dans le corridor, et près de lui le baron de la Réringlade, sergent au régiment d'Hervilly. Je passai pénétré de douleur; les jambes me manquaient. Ayant descendu l'escalier avec le gendarme, la ville que nous traversâmes me parut immense; je n'avais point encore été isolé de mes camarades. Nous montâmes les degrés qui aboutissent à la tour de la Conciergerie : je ne saurais rendre la situation mêlée de contentement et de tristesse dans laquelle je me trouvais. Le gendarme ayant sonné, une femme de beaucoup d'embonpoint ouvrit la porte et s'écria en m'embrassant : « En voilà donc encore un de sauvé. » Le concierge son mari s'amusait à boire. Il dit à un prisonnier d'assez mauvaise mine de m'*écrouer*. J'étais si complètement ignorant des termes usités dans les prisons, que je pensai qu'on allait m'attacher les mains. On se contenta de me conduire par un chemin de ronde à une autre tour, où je trouvai seize de mes camarades qui avaient été mis en sursis; et, parmi eux, MM. Tressac, Arnaud et de Marcillac, officiers de Royal-Louis. Vers les trois heures de l'après-midi, notre oreille fut frappée par des cris perçans qui sortaient d'un bâtiment assez éloigné, et nous apprîmes qu'ils étaient l'effet de la séparation douloureuse de deux intimes amis, MM. de Perdrauville et d'Espinville, qui, après avoir servi dans le régiment de Royal-Comtois, étaient devenus inséparables et étaient entrés ensemble dans le régiment d'Hervilly. On emmenait M. de Perdrauville pour être fusillé; et, malgré la demande réitérée de d'Espinville de mourir avec son ami, malgré ses cris déchirans, on le repoussait en l'accablant de son sursis. Une lettre au général Canclaux, son parent, re-

mise par lui au président en sortant de l'interrogatoire, était la cause de cette cruelle
faveur.

Le soir même, M. d'Espinville fut amené
dans la salle de la prison que nous occupions, et nous y vîmes arriver aussi l'abbé
Poulain notre aumonier. Des personnes charitables eurent la permission de venir nous
voir et de nous apporter des secours ; des
dames distinguées de la ville et de la campagne envoyèrent des vêtemens à ceux qui
en manquaient; mon habillement fut changé
de la tête aux pieds; j'eus en partage un habit
de drap rayé. Le geôlier me prit à sa table,
ainsi que deux ou trois autres de mes camarades, pour soixante francs par mois, valeur
métallique. Je n'avais plus d'argent, comme
on a pu le voir par mon récit, et c'est à
mesdames de Kerhedin et Chanu de Limur,
parentes et amies de feu M. de La Grandière,
chef d'escadre, que je suis redevable de mon
habillement et de mes arrangemens avec le
geôlier.

A l'aide de cette amélioration dans notre
sort, l'espérance s'accrut en nous, et s'aug-
menta jusqu'à la confiance ; mais par

suite de fatigues et de vives inquiétudes que j'avais éprouvées, je tombai malade. Je fus soigné par M. Blanchet, médecin des prisons, qui m'ordonna de l'absinthe infusée dans du vin blanc d'Anjou. Reconnaissant aussi que l'exercice m'était absolument nécessaire, il me recommanda de sauter à la corde, seul moyen d'en pouvoir prendre sur une muraille d'une dizaine de pieds de largeur, notre unique promenade. Ma guérison fut prompte; et, afin de m'occuper l'esprit, je résolus de faire d'idée une carte militaire. Un libraire, bon royaliste, comme l'était la presque totalité des habitans de Vannes, eut la bonté de m'apporter tout ce qui m'était nécessaire pour cela. Le goût, je n'ose pas dire le talent du dessin et de la peinture, m'a toujours été, depuis ma sortie de l'Ecole royale militaire de Paris en 1776, de la plus grande utilité, indépendamment du charme qu'il a répandu et qu'il répand encore sur ma vie active et laborieuse.

Pendant les sept longues années de garnison ou de détachement dans l'île de Corse, que j'ai passées comme officier au régiment de Limosin, je m'amusais à faire les por-

traits de mes camarades. L'après-midi même
de mon entrée à la Conciergerie, un de ceux
qui venaient d'être mes juges, le sergent
David m'y rendit visite et me dit : « Citoyen,
» vous êtes peintre? — Oui, lui répondis-
» je. — Eh bien, rendez-moi le service de
» faire en miniature le portrait de la jolie
» citoyenne que je vous amène. — Mon
» genre est le paysage, et je réussis mal
» pour la figure, lui repartis-je. — N'im-
» porte, vous me ferez le plus grand plaisir;
» car nous n'avons dans cette ville qu'un
» mauvais barbouilleur. » J'eus beau me
défendre le plus poliment possible, il fallut
satisfaire le citoyen David, et Dieu sait
comme le portrait fut fait. Il me valut pourtant des remerciemens, des minauderies obli-
geantes de la part de la demoiselle, du cho-
colat, une ample cravate tricolore, et mieux
que tout cela, une réputation.

Chacun des membres de notre chambrée
avait choisi sa manière d'y passer le temps :
nous eûmes les moyens de donner de nos
nouvelles à nos familles et d'en recevoir
d'elles; mais nos jouissances étaient bien
mêlées d'inquiétudes. L'ordre arriva de juger

ceux auxquels le sursis avait été accordé ; on mit des entraves à nos communications avec les habitans de la ville ; elles devinrent très-difficiles. Bientôt l'adjudant de la place vint un après-midi demander notre aumonier. Occupé d'une partie de reversis, j'entends parler avec vivacité au dehors de notre porte ; je m'y précipite.... hélas ! c'était notre bon aumonier que l'on séparait de nous ; je le serrai dans mes bras ; il me donna sa tabatière, sa cravate qui l'empêchait de respirer, et m'embrassant à son tour, il me dit : « Je » vais mourir ; c'en est fait, Messieurs, vous » ne tarderez pas à me suivre. » Agé d'un peu plus de trente ans, l'abbé Poulain avait le teint brun, la taille haute et une constitution robuste. Sur le bruit vague que l'évêque de Dol lui avait remis des pouvoirs, un grand nombre de bonnes femmes étaient venues le voir imprudemment ; on lui faisait faire un habit violet, et plusieurs fois je l'avais engagé à modérer ce zèle qui pourrait lui devenir nuisible : peut-être ne m'avait-il pas assez bien compris.

Mais que l'on connaîtrait mal le cœur humain si l'on se pressait de blâmer et juger les hommes de quelque état qu'ils soient! Nous sommes tous si persuadés que nous existons pour le bonheur, malgré tout ce qu'on s'empresse d'inculquer dans nos jeunes esprits pour nous prémunir contre cette espérance trop illusoire; qu'aussitôt qu'un danger éminent est passé, l'espoir revient, et à sa suite les projets, puis se manifeste le désir de devenir le plus heureux possible!

On m'avertit le lendemain que quelqu'un me demandait chez le geôlier, ancien postillon de M. de Gouvello, et dont le nom était *Chevalier :* c'était Kibre qui avait été fait commandant provisoire de nos anciens soldats; il venait m'apprendre que le bruit courait que M. d'Espinville devait être fusillé. Après avoir remercié ce brave homme, je fus en donner avis à mon ami. « Je le sais, me ré-
» pondit-il, aussi ai-je pensé au moyen de
» m'évader ce soir même; j'ai besoin pour cela
» de votre corde à sauter, je l'attacherai au
» figuier que nous avons en vue, je joindrai à
» votre corde des rubans de fil écru que l'on
» m'a fait remettre et que j'ai doublés et noués
» de distance en distance; et me confiant à la
» Providence, je me laisserai filer au bas du

» mur en y appuyant les pieds. » Le parti était violent et scabreux, car la muraille pouvait avoir de quarante à cinquante pieds de hauteur.

Cette nuit même le souper chez le geôlier fut interrompu par l'entrée du caporal du poste qui rendit compte de l'évasion d'un prisonnier; il prescrivit au geôlier d'allumer sa lanterne et de venir avec lui chercher le fuyard dont la chute avait fait beaucoup de bruit; il ajouta que ce serait un miracle s'il n'était pas resté tout brisé au pied du mur. Le geôlier, bon vivant, et qui était peut-être dans le secret, fit des lazzis, dit que le bruit qui avait effrayé la sentinelle n'était sans doute que celui de la chute d'une grosse pierre, et il offrit au caporal un verre de vin : celui-ci s'impatienta et exigea impérieusement que notre bon gardien le suivît sur-le-champ; mais la lanterne avait besoin d'un plus long bout de chandelle; il fallait que *Chevalier* cherchât son sabre, ainsi il put s'écouler un peu de temps : enfin le caporal se mit en marche avec lui, et à l'endroit présumé ils ne trouvèrent personne.

Nous avons su depuis que M. d'Espinville

n'avait pas calculé qu'après avoir dépassé les mâchicoulis qui sont sur le mur, ses pieds ne trouveraient plus de point d'appui, que son espèce de cordage ne serait plus assez fort pour le soutenir, et qu'il romprait : ce qui était arrivé.

La bonne femme qui lui avait apporté les rubans de fil écru l'attendait à quelque distance avec son mari. Une patrouille qui vint à passer près de-là, heureusement assez long-temps après la chute pour n'en avoir pas entendu le bruit, retarda un peu le secours que ce généreux couple brûlait de porter à mon camarade; ils le trouvèrent saignant et tout froissé, l'encouragèrent, et le traînant par le bras ils l'avaient mis en sûreté avant que le caporal et le geôlier fussent arrivés sur les lieux.

Chacun de nous était chargé de faire à son tour près de nos malades les fonctions de garde de nuit; c'était le tour de M. d'Espinville, et je dus le remplacer. On me conduisit sous les verroux d'un cachot voûté où, dans les temps antérieurs à la révolution, ceux qui étaient condamnés au gibet attendaient l'heure fatale. J'y trouvai trois malades, et parmi eux M. de Bonafau, ancien page, officier au régiment de Noailles dragons, et mon camarade dans celui d'Hervilly ; sa maladie était une fluxion de poitrine. Trois enfoncemens de ce cachot renfermaient chacun un lit de sangle où les malades gissaient. L'on m'avait indiqué les remèdes que je devais donner à chacun d'eux, et je me plaçai dans un large fauteuil de cuir en me livrant à mes réflexions sur le lieu abominable où nous étions plongés. Vers minuit mon office d'infirmier devint encore plus difficile ; la mince chandelle qui nous éclairait s'enfonça dans la bouteille qui lui servait de chandelier et s'éteignit. Que cette nuit fut longue et pénible ! mes paupières s'appesantirent un peu à la pointe du jour, et lorsque ce court assoupissement cessa, en visitant les deux compagnons de Bonafau, qui étaient presque à l'agonie, je reconnus un jeune gentilhomme du Poitou, M. d'Hillerin du Boitissando, parent de la personne que j'aimais depuis long-temps, et que j'ai le bonheur d'avoir aujourd'hui pour femme.

Pendant la conversation triste et entrecoupée que je pouvais avoir avec lui dans l'état où je le trouvai, mes yeux s'arrêtèrent sur quelques lignes tracées au crayon sur le mur, près de la fenêtre fortement barrée, d'où nous venait un peu de jour. Les voici : « Charles de Sombreuil, toujours fidèle à Dieu » et au Roi, a couché dans ce cachot, d'où » il ne va sortir que pour marcher à la mort. » Au-dessous, M. d'Hercé, évêque de Dol, avait aussi tracé quelques mots qui exprimaient sa résignation et son espérance en Dieu.

Mes fonctions de garde-malade étant finies, je rejoignis mes autres camarades bien portans, et nos têtes travaillèrent à imaginer des moyens de nous sauver. MM. Arnaud et de Marcillac proposaient de se laisser glisser sur des toits qui étaient appuyés contre notre haute muraille ; plusieurs autres projets inexécutables furent mis sur le tapis. Dans la soirée, le médecin qui était chargé de nous soigner me fit appeler : « Êtes-vous réellement Suisse ? me demanda-t-il d'un air sérieux. — Oui, sans doute ; mais pourquoi me faites-vous cette question ? — C'est que vous devez être tous jugés définitivement demain : vos vingt-cinq ou

trente camarades qui avaient été mis en sursis à la grosse tour, n'existent plus. »

La pâleur dut exprimer sur mon visage le
sentiment d'horreur dont je fus pénétré.
Après avoir serré la main au docteur, je re-
montai, et ne m'ouvris qu'aux plus prudens
d'entre nous sur ce que je venais d'apprendre. Un officier qui nous visita nous repro-
cha d'avoir aidé M. d'Espinville à s'évader, et
nous prévint que les postes extérieurs et inté-
rieurs étaient doublés. Il ajouta que l'ordre
était donné de nous fusiller au moindre
mouvement que nous essaierions de faire
pour nous échapper; et il prescrivit au geôlier de nous enfermer sous clef et de tirer
les verroux. Les deux plus jeunes n'avaient
pourtant pas renoncé à tenter un moyen de
salut; et déjà ils avaient coupé leurs draps
pour se laisser couler par une petite fenêtre
qui donnait sur les fossés. Ce projet était in-
sensé, et nous nous y opposâmes en leur
démontrant le danger certain auquel ils allaient s'exposer ainsi que nous tous. Il faisait clair de lune, les sentinelles ne pouvaient
pas manquer de les voir suspendus le long
de la tour; elles tireraient sur eux, et l'on

viendrait nous égorger..... Nous les priâmes
de s'arrêter comme nous au moyen le plus
sage, celui de se dire étrangers ; ou, ce qui
valait mieux encore, de déclarer qu'ils n'a--
vaient pas quatorze ans lorsque leurs parens
les firent sortir de France.

CHAPITRE VII.

Second passage à une nouvelle commission militaire.

Le lendemain, vers dix heures, nous fûmes conduits à la nouvelle commission militaire. Comme la première fois je restai des derniers à comparaître. La sentinelle postée au lieu où l'on attendait son tour, me dit assez brutalement de lui donner ma montre, ma tabatière et ma belle cravate, et qu'elle se chargerait de mes commissions pour mes parens. « Pour cette fois, ajouta le soldat, vous y passerez tous. » Je lui répondis, en affectant de l'assurance, que je ne craignais rien; et pour remerciemens de ses offres de service très-intéressées, je ne lui donnai qu'une grosse prise de tabac sur la main.

Au moment où la porte s'ouvrit pour me recevoir, quel serrement de cœur n'éprouvai-je pas, de voir conduire M. Arnaud, qui en sortait, vers une chambre que l'instinct qui est si sûr dans les dangers éminens,

me faisait reconnaître comme le lieu fatal
où l'on plaçait ceux qui devaient être fusillés.
Nous nous croisâmes dans une stupeur profonde. Je pensai que M. Arnaud, qui devait
avoir nommé Constantinople pour son pays
natal, n'était probablement condamné que
parce qu'il avait avoué qu'il avait servi comme
officier dans un de nos corps, et je changeai
sur-le-champ ce point important de mon plan
de défense. J'entrai et pris place en portant
les yeux sur ceux qui devaient me juger en
dernier ressort. Le président avait une figure sévère. Mes réponses furent les mêmes
qu'au premier interrogatoire : mais j'ajoutai
que le commodore sir John Warren m'em-
ployait comme son secrétaire dessinateur, et
que si je me trouvais au nombre des prisonniers, la raison en était que , chargé par lui
de porter un paquet au général d'Hervilly,
l'état où une blessure grave réduisait ce
général avait retardé la réponse que j'avais
ordre d'attendre, et m'avait forcé de rester
à terre la nuit où le fort avait été surpris.

Après l'interrogatoire, le président dit
d'un ton sec au gendarme de me conduire....
L'inquiétude où j'étais ne me permit pas

d'entendre la désignation du lieu. L'espoir que c'était au bas de l'escalier me fit retourner en disant : « C'est en bas, sans doute, citoyen?—Oui, en bas, » répéta le président. Je m'inclinai et je sortis. Je me trouvai avec des Toulonnais, mes camarades, sans avoir la force de leur parler. Je m'enhardis cependant peu à peu; et, voulant prouver mon talent de dessinateur, je me mis à faire le croquis d'un soldat couché sur un établi qui se trouvait un bas de l'escalier. Les hommes du poste s'approchèrent pour regarder mon dessin, et le lugubre et morne silence fut rompu.

Si j'entre dans des détails aussi minutieux, c'est pour peindre et faire partager les diverses situations de cette terrible époque, et les sentimens dont ses victimes étaient affectées, émotions que je me rappelle encore dans toute leur force, malgré les trente ans écoulés depuis! D'ailleurs, dans les grandes comme dans les petites choses, dans la fortune comme dans l'adversité, le résultat dépend souvent des circonstances en apparence les plus légères.

Pendant que le croquis dont je m'occupais attirait l'attention autour de moi, un soldat m'apporta un billet de M. Arnaud. Il me disait que c'était sans doute par erreur que le gendarme l'avait conduit dans la chambre fatale, et me priait daller en parler au président. L'anxiété dont j'étais moi-même tourmenté m'ôtait la force de m'acquitter de cette commission. Je l'engageai, par un mot d'écrit, à s'adresser directement au chef de nos juges, et cinq minutes après nous eûmes le plaisir de nous rejoindre. On ne tarda pas à faire sortir tous les étrangers de la salle du jugement. Le poste qui nous gardait se rangea en armes devant nous, et nous fûmes appelés par la commission. Nous y entrâmes sur une ligne ; je me trouvai le dernier.

« Messieurs, nous dit le président, je vais
» vous faire connaître le jugement définitif
» de la commission militaire devant laquelle
» vous venez de comparaître. M. Tressac, né
» à Toulon, embarqué et forcé par les An-
» glais de faire partie d'un corps de troupes
» qui a été pris à Quiberon, est acquitté ;
» mais il devra prendre du service dans un
» des bataillons de la république française
» une et indivisible. » Même jugement pour

tous les Toulonnais de l'ancien régiment de Royal-Louis qui avaient été incorporés dans celui de d'Hervilly, et du nombre desquels était M. Arnaud.

Je ne me rappelle pas précisément les paroles qui furent adressées à MM. de Marcillac et Le Grand, se disant nés, le premier à Québec et le second à Cadix; j'étais alors trop occupé de ma propre affaire.... que cet aveu me soit permis! J'avais entendu avec assez de calme ce qui concernait les Toulonnais; mais, à mesure que le président s'approchait de moi, le sentiment de la crainte comprimait de plus en plus ma respiration, et j'étais près de l'anéantissement lorsqu'il prononça ces mots : « Et quant à Lambert » Charron, quoique Suisse, il restera pri- » sonnier de guerre, puisqu'il était au ser- » vice d'un général anglais. » La respiration me revint, mes genoux qui chancelaient reprirent de la force, et je pensai aussitôt qu'il y a remède à tout, excepté à la mort.

Le président ajouta, avec assez de dignité, et même avec une expression de bonté : « Il est dans votre intérêt, Messieurs, vu les » mouvemens que font encore les chouans,

» et la station de l'escadre anglaise dans la
» baie de Quiberon, de retourner à la Con-
» ciergerie. Cette mesure vous mettra à l'a—
» bri de plus grands désagrémens. » J'étais
très—content au fond du cœur d'avoir évité
la sentence fatale, et je me trouvai assez de
hardiesse pour représenter au président que,
faisant du dessin mon passe-temps habituel,
je n'avais dans la tour qui nous servait de
demeure, ni la place, ni la tranquillité nécessaires. Il me répondit que l'on adoucirait
autant que possible notre situation. Nous fûmes donc ramenés à la Conciergerie, mais
hélas ! en moindre nombre qu'à notre sortie
de prison.

CHAPITRE VIII.

Sortie de prison et demi-liberté.

Quelques jours après, un des soldats félons, du régiment d'Hervilly, qui, depuis notre malheur, s'était revêtu des dépouilles des officiers, et avait garni sa bourse de leur argent, vint de grand matin me dire de me lever, que le général *** me demandait. Cet homme dangereux venait assez souvent nous voir ; il s'adressait surtout à MM. Arnaud et de Marcillac, grands joueurs et fumeurs, et buvait de bon vin avec nous, car il fallait le ménager. Il s'était fait serviteur et délateur auprès du général de la part duquel il venait me chercher. Il me vit pâlir, et ajouta sur-le-champ : « Prenez avec vous votre grand dessin. » Je le suivis entre l'espérance et la crainte. Je lisais dans les yeux de ceux qui m'étaient attachés le sentiment de leur inquiétude. Nous avions appris la mort du jeune de Talhouet et celle plus récente de M. de la

Boissière, beau jeune homme, sergent-four-
rier au régiment d'Hervilly, que le soldat
qui était venu me demander avait donné
quelque temps avant pour secrétaire au
même général. Mon guide me dit, en tra-
versant les rues, que son chef avait besoin
d'un peintre, et me faisait venir d'après sa
recommandation. Je mis le plus de grâce
que je pus à mes remerciemens, et il y parut
sensible : c'est qu'il n'y a peut-être pas
d'homme, quelque méchant qu'il soit, que
des attentions marquées avec mesure et
convenance, ne puissent non – seulement
adoucir, mais transformer souvent en un
ardent défenseur.

Nous rencontrâmes sur la place le commandant d'armes auquel le soldat me présenta : c'était un ancien ingénieur des ponts
et chaussées. Il demanda à voir le plan roulé
que je tenais à la main et me dit : « Il paraît
» que vous connaissez les fortifications ? —
» Un peu, lui répondis-je. — Mais en voici
» de bien exécutées dans votre plan. —
» Aimant beaucoup le dessin, je me suis
» occupé de plusieurs genres. » Cet officier ajouta alors que la république avait

besoin d'ingénieurs, et qu'il me ferait entrer dans cette arme si je voulais y prendre du service. J'objectai que j'étais prisonnier de guerre. Il m'engagea à venir le voir, sa femme recevant les jours de *décadi*; je répondis que j'étais indisposé, mais que mieux portant, si je pouvais en avoir la liberté, j'aurais l'honneur de me rendre à son invitation.

Nous arrivâmes chez le général : il me regarda attentivement, prit mon plan, y jeta légèrement les yeux et me dit : « J'ai
» besoin d'une carte du pays. Il faut qu'elle
» présente les hameaux, les fermes, les bou-
» quets de bois et les ponts, et que les che-
» mins surtout soient tracés avec exacti-
» tude. — Général, je suis prêt à faire
» tout ce que vous demandez; mais com-
» ment aller reconnaître tous ces détails au
» milieu des chouans qui remplissent la cam-
» pagne ? — Vous trouverez une grande
» carte au département où je vais donner
» l'ordre qu'on vous laisse travailler. Il me
» faut cela très-promptement. Je pars pour
» une tournée sur les côtes. On dit que d'*Ar-*
» *tois* veut faire un débarquement ; j'y met-
» trai bon ordre. A mon retour vous ferez

» mon portrait en grand uniforme. — Le
» moins mal que je pourrai. — J'ai vu,
» ajouta-t-il, celui de la citoyenne **; il
» est ressemblant. — Je dois vous préve-
» nir, général, lui dis-je alors, que je n'ai
» point de couleurs fines, point d'ivoire assez
» grand; il me faudrait aussi de meilleurs
» pinceaux, du bleu d'outremer, et de l'or
» en coquille pour peindre votre grand uni-
» forme. »

Le général appela un de ses aides-de-
camp à qui il fit prendre note de tout ce
qu'il me fallait, et lui ordonna de faire venir
ces objets de Paris. Puis se retournant de
mon côté: « Allez, en attendant, me dit-il,
» faire le portrait de la fille du commissaire
» de la marine. Je vous donne la ville pour
» prison. » Le soldat qui m'avait introduit
reçut l'ordre de me chercher un logement,
et me conduisit d'abord à une grande chambre où je trouvai que je pourrais m'établir:
puis il me mena chez le commissaire de la
marine qui demeurait sur le port. Bien accueilli par lui, je vis sa fille, âgée de treize
ou quatorze ans, et je proposai de commen-
cer sur-le-champ son portrait, si l'on voulait

faire venir de la Conciergerie le très-léger paquet qui renfermait tout ce que j'avais. A l'heure du diner, je fus invité par la maîtresse de la maison à me mettre à table. Le soldat mon introducteur, et un de ses camarades, fils d'un négociant de Marseille, mieux élevé que lui, étaient en pension dans cette famille. Après le repas, lorsque ces deux militaires se furent retirés, le commissaire et sa femme qui m'avaient observé avec beaucoup d'attention, me dirent qu'ils me croyaient au-dessus de l'état sous lequel on m'avait présenté, et qu'ils seraient heureux d'adoucir ma position. Je les avais devinés de mon côté depuis mon entrée dans la maison. Je m'ouvris à eux avec la plus grande franchise, et pendant huit jours que j'ai passés à Vannes en demi-liberté, je n'ai eu qu'à me louer de la délicatesse qu'ils mirent dans leurs procédés envers moi.

Dans la soirée, je fus prendre l'air avec cette famille le long du port; mais la crainte d'être reconnu par nos anciens soldats à qui l'on faisait une distribution de paille, nous fit rentrer bientôt. On me conduisit au logement que j'avais vu; j'y trouvai pour me servir une bonne vieille femme dont il fallut écouter bien des histoires, et entre autres celle de plusieurs prêtres qui avaient été cachés dans la chambre que j'occupais. Deux fenêtres de cette chambre donnaient d'un côté sur un petit carrefour, et de l'autre, une troisième avait vue sur une rue étroite.

Je fus visiter les camarades que j'avais laissés à la Conciergerie; et quatre jours ne s'étaient pas écoulés, que j'eus le bonheur de réunir dans ma chambre par la haute protection du soldat à qui je devais mon établissement, MM. Legrand, Arnaud et de Marcillac. Les soins et la générosité des royalistes nous y procurèrent une abondance beaucoup au-delà du nécessaire. J'allais tous les jours travailler au portrait de la jeune demoiselle. En m'y rendant un matin, une sentinelle postée dans un lieu écarté me porta les armes. Je reconnus aussitôt ce militaire, bon sujet, que j'avais fait caporal deux jours avant notre catastrophe. Je le grondai en le remerciant; mais il était si content de voir son ancien lieutenant sauvé de la fusillade, qu'il avait voulu le lui témoigner. Que les témoignages d'intérêt font de bien lorsqu'on est dans le malheur !

Quelques jours se passèrent sans événement. Mais un soir que j'étais à souper avec mes trois camarades de chambrée, deux femmes d'un certain âge, nos voisines, demandèrent à me parler, et me prévinrent que le loyal Kibre les avait averties d'une menace de me dénoncer au général. Un de nos déserteurs, qui avait mérité d'être mis en prison par Kibre, espérait en sortir au moyen de cette infàme action. Ces deux bonnes royalistes m'engageaient à partir sur-le-champ avec un chouan qui se chargeait de me conduire à la côte où je trouverais des facilités pour m'embarquer. Renfermant le trouble qu'avait dû me causer l'avis qu'elles me donnaient, je leur en exprimai ma reconnaissance, et leur confiaï un plan d'évasion préparé en notre faveur pour le surlendemain. Je les priai seulement de veiller, et de m'avertir si elles s'apercevaient de quelque mouvement qui menaçàt ma liberté. En rejoignant mes camarades, je satisfis leur vive curiosité sur la visite que je

venais de recevoir, et je leur déclarai ma résolution de ne pas me séparer d'eux. Ils in-
sistaient et m'engageaient vivement à profiter
tout de suite de cet avis et du moyen sûr d'é-
chapper à la dénonciation ; mais je demeurai
ferme dans le parti que j'avais pris. Je savais
que le général ne reviendrait pas à Vannes
de quelques jours ; et je connaissais Kibre
capable d'imposer, en attendant, silence au
méchant soldat. Quelques verres de vin dis-
sipèrent nos alarmes, et la nuit fut tranquille.
Dans l'après-midi du lendemain, je rendis
avec M. Legrand, visite à une dame fort
aimable qui, forcée de quitter Nantes, s'é-
tait établie à Vannes avec sa fille, et qui,
pour se populariser, tenait une boutique de
poteries. Elle était inquiète pour notre sûreté : nous lui fîmes part de notre projet d'é-
vasion du lendemain ; elle entra dans nos
vues, promit de nous seconder de tous ses
moyens, et nous engagea à dîner chez elle
avant l'exécution ; ce qui nous fit grand
plaisir, car au moment des résolutions périlleuses, il est bon de n'être pas livré trop
long-temps à soi-même.

En rentrant chez nous au retour de cette visite, MM. de Marcillac et Arnaud, qui finissaient une partie de jeu, nous dirent que déterminés à partir le lendemain dès le grand matin, ils allaient coucher dans une maison voisine, d'où ils joindraient des matelots qui devaient les conduire à Lorient. Je restai seul avec M. Legrand; la nuit nous parut bien longue. Le lendemain matin je fus travailler à la miniature dont je m'occupais chez le commissaire de la marine: je refusai l'invitation qu'il me fit de dîner avec lui, puisque j'avais un autre engagement, et je m'abstins, je ne sais pourquoi, de lui faire part du parti que j'avais pris pour le soir même; à l'heure convenue, nous nous rendîmes, M. Legrand et moi, chez la dame de Nantes, qui nous reçut encore mieux que la veille; elle nous prévint du caractère et du genre d'esprit d'un commissaire des guerres et de sa femme, ses locataires, qui devaient dîner avec nous. Le repas fut excellent et nous parut d'autant meilleur, qu'il y avait longtemps que nous n'en avions fait un pareil en

France. La dame du logis et sa fille avaient
de l'esprit, de la gaieté et fort bon ton : mais
le commissaire des guerres, notre convive,
était sec de ton et d'esprit. C'était un de ces
grands amateurs de l'égalité, tout glorieux
d'être distingué par une belle et large mé-
daille qu'il portait en sautoir. Sa femme, très-
richement mise, était fort mal élevée. Après
le café, notre maligne hôtesse s'égaya par
des mots couverts sur le commissaire, sur sa
femme, et elle osa même faire allusion à notre
prochain voyage. Nous étions de glace pour
ses plaisanteries, et son jeu périlleux nous
faisait lancer à la dérobée des regards sup-
plians. Elle riait sous cape de notre embar-
ras, et affectant le langage le plus républicain, elle mit sur le tapis l'arrivée récente du
comte d'Artois dans la baie de Quiberon, en
récapitulant ce que voudraient et ce que
pourraient faire les Anglais dont elle exa-
gérait les forces. Reconnaissant pourtant que
cette conversation nous gênait, elle prit pitié
de nous et finit par nous proposer de jouer
au volant. Le couple ennuyeux étant sorti,
lorsque le jour tira à sa fin, nous prîmes
congé d'elle avec la plus grande confiance.

Nous voici de retour à notre logement et dans les préparatifs du départ : nous avions éloigné la vieille femme qui nous servait, en lui donnant des commissions assez longues à exécuter, et nos rideaux étaient fermés pour éviter la curiosité de deux voisines très-familières. Mais la plus jeune qui nous avait vu rentrer se présenta bientôt à nous en nous témoignant ses inquiétudes sur MM. Arnaud et de Marcillac qu'elles n'avaient pas aperçus de la journée. Nous fîmes les étonnés : M. Legrand marchait à grands pas dans la chambre : j'employai tous les moyens possibles pour nous débarrasser de cette visite, et je ne pus réussir qu'en faisant l'étourdi, ce qui décida la jeune voisine à s'échapper en minaudant.

Le rideau de la fenêtre qui donnait sur la rue étroite n'avait pas été tiré. En face était la demeure des deux excellentes protectrices des royalistes, dont j'ai parlé, et entre six et sept heures, l'une d'elles devait nous donner le signal de descendre. Apercevant dans notre chambre la jeune demoiselle, ces femmes généreuses qui épiaient l'instant de nous sauver, avaient de la peine à concevoir

comment nous la gardions si mal à propos;
et à peine nous avaient-elles quittés, qu'une
de ces femmes de bien vint nous dire : « Il
» est temps, Messieurs, descendez vite et
» suivez ma sœur à huit ou dix pas de dis-
» tance. »

CHAPITRE IX.

Évasion de Vannes.

Nous découvrîmes en effet dans la rue une femme arrêtée qui se mit à marcher, sitôt qu'elle nous eut aperçus. En suivant ses traces, nous passâmes sur la grande place à vingt pas d'un groupe d'officiers. Il nous semblait que le jour était plus long qu'à l'ordinaire, et nous craignions que toutes les personnes qui nous rencontraient ne devinassent ce que nous allions faire. Notre guide nous fit traverser un faubourg; nous filâmes, le cœur serré, devant une sentinelle bourgeoise, et de-là dans une petite allée de maison qui aboutissait à un jardin, où l'on nous fit cacher entre des rames de haricots. Nous y fûmes bientôt joints par un des anciens notables de la ville, qui demanda lequel de nous deux était M. d'Espinville, et qui regretta vivement qu'il n'eût pas profité de cette occasion de salut. Il désira connaître nos noms, et nous dit qu'un chouan

très-sûr s'était chargé de nous conduire ;
qu'il avait un petit panier de vivres dont nous
pourrions profiter ; que le chemin était long
et pénible. « Mais avant de vous souhaiter
» tout le bonheur possible, ajouta-t-il,
» promettez-moi de dire à Monseigneur
» comte d'Artois, que si S. A. R. se décide
» à mettre pied à terre, il serait absolument
» nécessaire d'effectuer le débarquement sur
» deux ou trois points assez éloignés pour di-
» viser les forces républicaines. » Nous assurâmes cet ancien et respectable magistrat que
nous ferions ce qu'il désirait de nous, si nous
étions assez heureux pour revoir notre auguste prince ; mais nous lui fîmes remarquer
que son observation très-juste pourrait devenir inutile si elle contrariait les instruc-
tions du commandant des forces anglaises.
Il se fâcha, et nous dit que plus de deux
mille jeunes gens ayant été victimes de notre
malheureuse expédition, personne ne re-
prendrait les armes, si l'on ne suivait pas
l'avis qu'il venait de nous donner. Le jour
baissant de plus en plus, nous nous mîmes
en marche avec le chouan dont il nous avait
parlé : c'était un grand et bel homme, nommé

Jacquot : une petite sœur de la charité l'accompagnait. Nous traversâmes une prairie dominée par le plateau où nos anciens soldats étaient campés, et où l'on battait en ce moment la retraite. Je craignis que la coiffe blanche de la petite sœur ne nous fît découvrir, et je lui dis de la cacher en s'affublant de sa robe. Mais elle était Basse-Bretonne, et ne comprenait point mon français; je fus obligé de l'arranger moi-même comme je le croyais nécessaire. A une croisée de chemins, la rencontre de gens armés nous fit battre le cœur; les patrouilles républicaines allaient jusque-là : mais Jacquot eut bientôt reconnu que c'étaient des chouans, et il prit langue avec eux.

Nous continuâmes notre route presque toujours à travers champs, dans un pays où ils sont séparés par des berges plantées d'arbres ou par de petits murs de pierres sèches. Nous avions gagné vers minuit le rivage d'un crique où se trouvait le bateau de notre guide. La mer n'était pas encore assez montée pour le mettre à flot, et il nous fallut attendre bien à contre-cœur; car Jacquot nous disait que les *bleus* venaient quelquefois reconnaître ce passage dans une grande chaloupe. Il nous apprit en même temps que nous étions fort près du château de Kérantray, appartenant à M. de Gouvello.

Lorsque la mer eut suffisamment monté, nous y poussâmes l'embarcation de notre guide; puis toujours sous sa conduite et sous celle de la sœur de la charité, après avoir traversé le crique et gravi une pente roide, rocailleuse et boisée, nous arrivâmes dans le parc, et bientôt au jardin de Kérantray, où nos guides nous laissèrent derrière un massif d'arbres verts.

Fort peu de temps après, on vint nous appeler à voix basse, et l'on nous fit entrer dans la cuisine du château, où M. de Gouvello, vieillard vénérable, coiffé de nuit, nous reçut avec une grande affabilité. En faisant un léger repas, suffisant pour réparer nos forces, nous apprîmes de lui que nous étions les onzième et douzième échappés au fer républicain, qu'il avait été assez heureux pour recevoir. Un de ceux qui nous avait récemment précédés était M. de Villeneuve.

Un fidèle domestique de M. de Gouvello

vint l'avertir que notre logement était préparé. Cet homme, royaliste dans l'ame, s'échappait quelquefois, d'après ce que nous dit son maître, pour aller avec les chouans tirer sur les *bleus*. M. de Gouvello nous conduisit au lieu de notre retraite, en nous prévenant que nous ne trouverions que des matelas à terre pour nous reposer, afin de pouvoir les faire disparaître, si une visite domiciliaire avait lieu ; ce qui arrivait quelquefois. Dans ce cas, nous devions être avertis sur-le-champ ; et notre respectable hôte, en ouvrant la fenêtre, nous fit voir des planches posées en pente contre la muraille, sur lesquelles nous pourrions nous laisser glisser. Il nous faudrait alors suivre à droite le mur du jardin, et nous arriverions à une porte entr'ouverte, d'où nous gagnerions des roseaux éloignés d'une quarantaine de pas, au milieu desquels nous pourrions nous blottir.

Je n'ai pas besoin de parler de l'effusion de cœur avec laquelle nous exprimâmes à M. de Gouvello notre profonde reconnaissance. L'extrême fatigue coupa court de notre part à toute réflexion, et nous nous

abandonnâmes à un profond sommeil jusqu'à huit heures du matin.

A peine avions-nous les yeux ouverts que
le maître du logis entra dans notre chambre :
il s'entretint avec nous de la position res-
pective du parti royaliste et des forces républicaines, du nouveau débarquement qui
paraissait probable, et qui pour cette fois
promettait d'être d'autant mieux combiné et
d'autant plus heureux dans son résultat,
qu'un prince de l'auguste famille des Bourbons serait à la tête de ceux qui soutenaient
leurs justes droits. Ce jour était un diman-
che : notre hôte nous présenta à madame
de Gouvello, sa belle-fille, sœur du général de Dampierre tué au camp de Famars ;
puis nous entendîmes la messe dans une chambre à l'écart, et l'heure de midi n'était pas encore sonnée, lorsque nous vîmes arriver au
château la demoiselle pleine d'ame et d'éner-
gie à qui nous devions notre évasion de
Vannes. Elle-même en avait préparé les
moyens : elle était venue nous trouver dans
notre grande chambre pour nous en faire
part en précisant le jour et l'heure de l'exécution. C'était la fille de l'ancien subdélé-

gué de Fontenai-le-Comte, dont tous les parens avaient péri par la guillotine. Son ame, son courage se peignaient dans de grands yeux noirs d'une admirable beauté. De Vannes elle nous avait gaiement donné rendez-vous à Kérantray pour y dîner ensemble. Je regrette vivement d'avoir oublié le nom d'une telle bienfaitrice.

Il fut décidé que nous quitterions, au soleil couchant, cet heureux asile, pour gagner la côte après avoir eu la prudence de nous déguiser sous le costume de paysan. Il fallut nous couper les cheveux, nous vêtir de nos nouveaux habits, et nous ne pûmes nous empêcher de rire de nos singulières figures. La gaieté régna pendant tout le dîner; mais le danger d'une visite bien différente de celle de l'aimable demoiselle qui nous avait sauvés, fit paraître l'après-dîner longue à nos hôtes comme à nous-mêmes. Enfin l'heure du départ arriva, et munis tous deux d'un gros biscuit de mer, M. Legrand et moi nous prîmes congé de M. et de madame de Gouvello et de notre courageuse protectrice, avec ces sentimens du cœur que tout homme sensible se définira bien mieux que je ne pourrais les exprimer, et nous nous remîmes de nouveau sous la direction du fidèle Jacquot.

Parvenus à la chute du jour à un hameau, nous y trouvâmes des chouans occupés à réparer leurs armes : les chefs tenaient leurs gens en haleine pour soutenir le débarquement du prince que l'on savait en rade de Quiberon. Là, notre guide nous dit adieu, et il nous confia à la petite sœur de la charité qui venait de nous rejoindre, et qui nous recommanda de la suivre à travers champs à une douzaine de pas de distance. Après une marche assez longue, la voyant s'arrêter, écouter de droite ou de gauche, puis se jeter à plat ventre au moment où nous traversions un vaste terrain en chaume, nous suivîmes son exemple. Nous demeurâmes ainsi sept ou huit minutes, écoutant de toutes nos oreilles, cherchant à découvrir les objets éloignés, lorsque des coups de sifflet se firent entendre de deux côtés et redoublèrent notre anxiété. Nous nous crûmes perdus. Cependant les sifflets ayant cessé, et n'entendant point marcher vers nous, la sœur se leva et continua à nous guider vers une petite muraille de pierres sèches où elle nous fit signe de rester cachés. Une pierre, que sa robe fit tomber en franchissant ce mur, nous parut faire un grand bruit, tant la crainte s'exagère tout à elle-même! Nous la vîmes bientôt porter les yeux à droite et à gauche, puis traverser un chemin et se diriger vers une maison. L'inquiétude ne nous avait pas quittés, quand la petite sœur revint nous aider à passer le mur et nous conduire à la maison que nous avions remarquée, où nous ne trouvâmes d'autre lumière que celle d'un feu presqu'éteint.

Nous étions dans le village de Locmariaker, chez de bonnes gens où *Georges* avait passé la veille avec un de ses compagnons armés jusqu'aux dents, dans l'intention de se rendre à bord de la Pomone, et de-là près de S. A. R. Monseigneur comte d'Artois. Mais la pointe du jour ayant précédé le moment où la mer aurait été assez haute pour qu'il pût s'embarquer, il avait laissé au curé *Kernitra* ses paquets de correspondance, et s'était retiré. Le curé reposait sur un lit, dans la chambre basse où nous avions été introduits : on y parlait peu et très-bas. Il y avait des *bleus* dans le village.

Tout-à-coup nous entendîmes frapper doucement à la petite porte par laquelle nous étions entrés. Un matelot s'y présenta, annonçant qu'il fallait partir. Il fut suivi en un clin-d'œil par M. Legrand et par moi, tout fatigués que nous étions, et par cinq ou six hommes, dont plusieurs étaient chargés de sacs de pommes pour l'escadre. Arrivés à la grève, sa largeur et la clarté qui y régnait m'étonnèrent. Je m'apercevais que le matelot portait surtout vers la gauche des yeux très-attentifs, et ma vue cherchait à suivre la sienne avec anxiété. Dans les grands dangers, et particulièrement dans les dangers nocturnes, c'est l'instinct qui guide la raison. Après la traversée d'une soixantaine de pas sur la grève, nous parvînmes à des rochers noirâtres que la mer allait bientôt couvrir. Il nous fallut enjamber de roche en roche jusqu'à une assez grande distance ; le matelot fit à demi-voix un appel, auquel il fut répondu : « Que la chaloupe n'avait pas » encore assez d'eau pour arriver à nous. »

Elle approcha enfin, cette chaloupe si

désirée, et nous y entrâmes avec le sentiment inexprimable des peines et des douleurs
récentes, du bonheur d'échapper à des
dangers cent fois renouvelés, et du regret de
quitter une patrie malheureuse que nous
avions essayé de défendre. Au moment où
nous étions presque absorbés par ces émotions, auxquelles nos cœurs joignaient l'action de grâce pour le Dieu qui nous avait
sauvés, on nous réveilla, pour ainsi dire, en
nous recommandant de nous coucher dans
le bateau, prêt à passer entre deux pointes
où il y avait des postes républicains. Nous
ne fûmes point aperçus, et pénétrant hors
du crique dans la vaste mer, nous fûmes
balottés et trempés par les vagues, jusqu'à
notre arrivée à un chasse-marée, qui nous
conduisit à la frégate *la Pomone*. Le commodore Warren nous reçut très-bien. Il
nous fit servir à déjeuner, et en nous de-
mandant l'heureux moyen dont nous nous
étions servis pour échapper aux commissions
militaires, il s'amusa beaucoup de l'idée qui
m'était venue de me donner pour son secrétaire dessinateur ; ce dont il reconnut l'exac-

titude par le relevé de mon jugement que j'eus l'honneur de lui présenter (1).

J'eus le plaisir de trouver à son bord le baron Legras, mon ancien camarade de l'École-Militaire, mon concitoyen, bon offi-

------

(1) J'ai oublié de dire que je ne sais plus trop comment et pourquoi il m'était venu à l'idée d'avoir l'extrait de mon jugement par le sergent David qui me protégeait depuis le mauvais portrait qu'il avait exigé de moi. Il m'avait amené avec lui dans la *maison commune*, et pendant qu'il cherchait mon article dans le fatal registre, arriva le président d'une commission militaire, devant laquelle allaient comparaître nos sous-officiers. Ce président, d'un aspect dur et farouche, impatienté de la longueur de la recherche de David, qui lui en avait dit le motif, s'écria en me regardant : « Il n'y a qu'à le rejuger, cela sera bientôt fait. » J'étais plus mort que vif. Mais le sergent David répondit : « Je le tiens; c'est fini. » Nous sortîmes aussitôt de cet antre de mort. En descendant précipitamment l'escalier, je m'entendis appeler et complimenter par un de nos bons sergens ; je le remerciai de la tête et de la main, pensant combien il était dangereux d'avoir été reconnu comme officier devant ce David, un de mes anciens juges, et cela à la porte de cette nouvelle commission militaire.

cier de cavalerie légère, digne homme, fort original, et qui, malgré mon étrange costume, m'avait reconnu au moment où je montais sur la frégate.

Après le déjeuner, le commodore donna l'ordre de nous conduire à bord du *Jason,* où était S. A. R. Monsieur, dont nous connaissions le nouveau titre depuis la certitude de la mort de Louis XVII. Près d'aborder ce vaisseau, je remarquai, avec une grande satisfaction, l'escalier de commandement préparé pour notre auguste prince. Le curé *Kernitra,* qui nous avait suivis, vêtu comme un mendiant, coiffé d'un haut bonnet de laine, et portant une besace, monta le premier à bord. Ce nom de *Kernitra* était un nom de guerre qui signifie, en bas-breton, *Monsieur Rien.*

Il n'y a pas de quoi se glorifier de l'effet que fit notre arrivée sur le tillac ; mais le *midshipman* de *la Pomone* ayant dit qui nous étions, nous inspirâmes bientôt une forte curiosité et un grand intérêt. S. A. R. était au moment de s'embarquer. Elle eut la bonté de nous dire : « Tout à l'heure, messieurs, je serai à vous : je vais entendre la messe à l'île de Houat, et y voir les troupes. » Quelle fut ma joie, de me sentir bientôt après embrassé par M. de Closier, jeune volontaire de Loyal–Émigrant, auquel j'avais pris beaucoup d'intérêt à cause de sa bonne conduite et de son goût pour le dessin! Il me présenta au général Doyle, qui commandait la nouvelle expédition, et en qui je reconnus l'ancien colonel du 14ᵉ régiment d'infanterie anglaise, avec lequel nous nous étions trouvés à Ostende en 1793, lors de la formation de Loyal - Émigrant, sous les ordres du feu duc de La Châtre. Le général Doyle m'offrit sa bourse; je le remerciai, et le priai seulement d'avoir la bonté de me procurer du linge et des vêtemens. Il en donna l'ordre sur-le-champ.

Nous avions déjà repris, M. Legrand et moi, un costume plus décent, quoique assez irrégulier, lorsque MONSIEUR revint à bord du *Jason*. S. A. R. eut la bonté de s'informer des moyens et des circonstances heureuses qui nous avaient sauvés de la mort et qui nous avaient amenés près de sa personne. Nous eûmes l'honneur de lui rendre un compte fidèle de ce dont nous avait chargé le respectable magistrat de Vannes (1), et de satisfaire, autant qu'il nous fut possible, à toutes les questions que l'auguste prince daigna nous adresser sur l'intérieur du pays. Nous demandâmes le lendemain, M. Legrand et moi, à rejoindre les débris de nos régimens dans l'île de Houat. La demande fut accordée à mon camarade; mais le général m'engagea à rester avec lui, en me témoignant le désir de m'employer dans son état-major. Quoique plein de reconnaissance pour

---

(1) Je dois par reconnaissance faire connaître le nom de ce respectable ancien magistrat de Vannes. M. de Sainromain, lieutenant-colonel en retraite, son beau-frère, vient de me l'apprendre. Il se nommait Chanu de Limur. Sa femme, une des dames de Vannes les plus distinguées par ses vertus et ses soins charitables pour les prisonniers, est morte, ainsi que lui, depuis peu d'années. Qu'il me soit encore permis de témoigner ma profonde reconnaissance à mesdemoiselles de la Grandière et de Kéroulas, aujourd'hui mariées, pour l'intérêt sensible qu'elles prenaient aux royalistes malheureux. En un mot, je ne saurais trop louer et remercier les généreux habitans de Vannes et tous les Bretons qui m'ont si noblement rendu d'éminens services.

une offre aussi flatteuse, j'hésitais à me séparer
de mon frère d'armes. Le général, à qui mes
connaissances du dessin militaire promet-
taient quelques services, s'approcha alors de
S. A. R., avec laquelle il eut un court entretien ; et le prince, s'avançant vers moi, daigna me dire, avec bonté, « que je serais nécessaire. » Je répondis, en m'inclinant,
qu'en toutes choses je m'estimerais heureux
de contribuer de mes faibles moyens au service du roi, et je me décidai à rester. Mais
quelque fatigué et même abattu que je fusse
par les désastres que je venais d'éprouver si
cruellement, je découvrais déjà l'insuffisance
des moyens préparés pour une expédition
renouvelée au moment où le succès avait
décuplé ceux des républicains sur la côte,
et presque annulé ceux de *Georges* et de
Charette. D'ailleurs, les forces qui accompagnaient un prince dont l'élan chevaleres-
que comptait pour rien les obstacles, eussent
été trop faibles en raison de l'importance de
l'expédition, quand même il eût trouvé tout
mieux organisé dans les provinces fidèles.

CHAPITRE X.

Tentative infructueuse pour venir au secours de l'armée de M. de Charette. — Occupation de l'Ile-Dieu.

L'ESCADRE ne tarda pas à se rendre dans la baie de Bourneuf : des chaloupes furent reconnaître les points de débarquement et les batteries de Noirmoutier ; et d'après les rapports, M. le marquis de La Rosière, chef de l'état-major français, me fit faire quelques changemens à la carte qu'il avait de cette île. M. de Charette se trouvait si resserré par le général Hoche dans sa position de Belleville, que le débarquement des troupes et des munitions fut bientôt jugé inutile sur ce point; et après une station de sept à huit jours, l'escadre fit voile vers l'Ile-Dieu dont on s'empara, et où l'on débarqua toutes les forces et les provisions dont elle était chargée par l'armée de Charette.

Employé dans l'état-major du général

Doyle, je fus adjoint au chevalier de Ver-
teuil pour ce qui concernait la police de l'île
et ses magasins, et nous fûmes tous deux
admis, ainsi que M. de Lafitte, capitaine au
régiment de Loyal-Émigrant, à la table du
général, où S. A. R. Monsieur, accompagné
de quatre officiers supérieurs de sa maison,
venait dîner tous les jours.

On s'occupa promptement à mettre l'Ile-
Dieu en état de défense. Quatre régimens
d'infanterie anglaise, celui de La Châtre
bien diminué, des cadres d'officiers, entre
autres ceux de lord Moira et du comte d'Al-
lonville, beaucoup d'officiers et de généraux à la suite de Monsieur ; un état-major
et des volontaires formaient un total nom-
breux pour organiser une armée royaliste,
soit en Bretagne, soit dans la Vendée (1).

----

(1) Ceux de ces officiers dont je peux citer les noms
sont : MM. le marquis de Coigny, le comte Étienne
de Durfort, le marquis de Puysigneux, le vicomte de la
Charce de la Tour-du-Pin et le comte Louis son fils,
le marquis de Saint-Blancard-Gontaud, de Grailly, le
marquis de Rivière, le chevalier Duverne, le marquis
et le comte de Brancas, le baron Dumerle, le chevalier de Beaumont, le marquis de la Boessiere, le comte

Un détachement de Choiseul-hussards, et un autre des hullans-britanniques de Bouillé, complétaient cette petite armée débarquée à l'Ile-Dieu.

S. A. R. Monsieur fut logée au port, ainsi que le général Doyle et ses états-majors.

Les troupes furent cantonnées dans les hameaux, à l'exception de Loyal-Émigrant, qui, sous les ordres de son lieutenant-colonel comte de Fléchin, resta campé, malgré la saison des ouragans, au poste d'honneur, à la pointe de la Croix, en regard de la ville des Sables-d'Olonne, distante de l'Ile-Dieu d'environ quatre lieues.

Le père Élisée et son ambulance occupèrent le bourg, position centrale autour de laquelle fut placée l'artillerie légère et les

---

de la Boessiere-Chambors, le duc de Lorges et ses deux fils, le comte de Lorges, le marquis de Civrac, le duc de Luxembourg, le prince de Rohan, le duc de Crussol, le marquis de Chabannes, de la Serre, le comte de Colbert, le marquis de Sommery, le comte de Bourbon - Busset, le marquis de Crenolles fils, d'Ivory, chef du génie; le comte de Trémic, de Tromelin, de Gourdon, l'abbé Ménard de Chousy, aumonier.

caissons, pour se porter rapidement par des chemins rendus faciles sur les points qui auraient pu être attaqués. Des batteries retranchées avaient été élevées et garnies de leurs pièces partout où le général les avait jugées nécessaires.

Je me rappelle avoir vu souvent un officier anglais de l'état-major, d'un extérieur remarquable, diriger les travaux de défense avec un zèle, une activité et une capacité rares. C'était le capitaine Moore, devenu depuis général (1), et qui tomba si glorieusement sur le champ de bataille, en protégeant le rembarquement de son armée à la Corogne.

Mais les tempêtes se déchaînant autour de nous vers la fin de décembre, et l'amiral Harvey ne pouvant tenir la mer dans le voisinage des côtes, un conseil de guerre décida que l'Ile-Dieu serait évacuée. Je reçus alors l'ordre de vendre aux habitans les provisions de bouche destinées à l'armée royale. J'en tirai

----

(1) C'est ce même général, sir John Moore, dont lord Byron a célébré, depuis, les funérailles dans l'ode admirable *Not a drum ett......*

environ vingt mille francs que je remettais,
à mesure des rentrées, à un commissaire
anglais, et celui-ci prenait toujours sans
compter en me disant : « C'est bon, Monsieur. »

Le rembarquement eut lieu, et l'escadre
rejoignit une flotte nombreuse de transports
qui était restée dans la baie de Quiberon.
L'armée navale, forte de vingt-six vaisseaux
de guerre, prit alors le large en doublant
Belle-Ile, et les transports, sous le convoi de
quelques frégates, sortirent par les passes
étroites des îles de Houat, et longèrent la
côte de France pour retourner en Angleterre.
Je fis ce passage à bord du vaisseau de
guerre de soixante-quatorze canons, *le Tre-
mendous*, où je me trouvai réuni à mes anciens camarades de Loyal-Émigrant. Le
colonel comte et depuis duc de La Châtre
était avec nous. A notre arrivée dans la rade
de *Spithead*, le 2 janvier 1796, le capitaine
de vaisseau m'envoya sur-le-champ à terre
avec M. de Flavigny, officier d'artillerie, en
nous chargeant d'un paquet très-pressé pour
Portsmouth. Je rejoignis à *Lyndhurst* les
restes du régiment d'Hervilly sous les or-

dres de deux capitaines, MM. de Grammont
et de Blainville. Ainsi, d'une troupe qui
comptait quatorze cents hommes quelques
mois auparavant, nous ne nous trouvâmes
plus que cent quatre-vingt. On en forma
deux compagnies à chacune desquelles six
officiers furent attachés. Celle de Grammont
fut incorporée dans le régiment du duc de
Castries ; celle du marquis de Blainville,
dont j'étais le premier lieutenant, dans le
régiment du duc de Mortemart.

CHAPITRE XI.

Souvenirs particuliers.

Il s'est représenté à ma mémoire une foule de circonstances ou épisodes que j'ai cru devoir écarter, afin de ne pas embarrasser la narration, quoiqu'elles ne soient pas dépourvues d'intérêt pour l'observateur qui aime à connaître l'esprit et le cœur de l'homme, et l'enchaînement des causes à leurs effets. Ce que j'ai omis dans le courant de mon récit peut se trouver sans inconvénient dans mes souvenirs particuliers.

J'ai su que MM. Arnaud et de Marcillac avaient rejoint l'armée très-affaiblie de M. de Charette. Le premier fut tué peu de jours après cette jonction ; le second me fit parvenir une lettre à l'Ile-Dieu, et me priait de trouver les moyens de le tirer du milieu des ruines où il avait été se jeter. Hélas ! l'île fut évacuée peu après la réception de sa lettre. Je n'ai pu satisfaire son désir, et il a

péri un mois après le héros de la Basse-
Vendée.

Quant à M. Legrand qui partagea les dangers de mon évasion, il y a vingt ans que
je n'ai eu de ses nouvelles : il était alors en
Bretagne, chez lui. Je souhaite qu'il vive
encore et qu'il soit heureux.

Jé dois, par un heureux hasard, au comte
de Dion, maréchal-de-camp, la satisfaction
d'avoir été récemment en relation avec le
comte d'Espinville son beau-frère, aujour-
d'hui consul de France à New-Yorck.

J'ai lu le récit rapide et plein de sentimens
de reconnaissance, publié par M. le baron
d'Antrechaux, sur le désastre de Quiberon.
J'ai appris avec joie l'existence de ce camarade d'infortune et de bonheur. Je l'avais
vu à Auray et à Vannes avec M. de Chau-
maraix, officier, comme lui, au régiment
d'Hector, et je savais qu'ils étaient parvenus
à s'évader avant moi.

J'ai eu le plaisir de voir à Londres et de
retrouver en France M. de Villeneuve, qui
le premier a donné au public des Mémoires
sur Quiberon. Il avait appartenu à un des
régimens qui nous avaient joints sous les or-

dres de M. de Sombreuil, et je lui avais remis, d'après son désir, des notes détaillées sur nos mouvemens antérieurs à son débarquement. J'ai appris que ces renseignemens avaient été égarés. J'ai éprouvé, ainsi que tous les lecteurs des Mémoires de M. de Villeneuve, une vive impression en me représentant les dangers qu'il a courus.

On vient seulement de me donner à lire le *Récit de l'évasion d'un officier pris à Quiberon*, par Joseph C. M. Je regrette de n'avoir pas connu plus tôt ce *Récit*, dont l'auteur, vif et spirituel, a su fort bien passer du sévère au plaisant. Je pense que ce camarade est M. de Montbron dont j'ai entendu parler, mais dont je n'ai pas l'honneur d'être connu. Les écrits publiés sur les désastres de Quiberon portent l'empreinte de leurs auteurs, comme cela doit être. Chacun voit, comprend et peint à sa manière. Quant aux faits principaux, nous sommes d'accord.

Si M. Legrand n'est plus, de deux cent soixante et quelques officiers qui ont été pris à Quiberon, je suis le seul vivant qui ait comparu devant deux commissions militaires.

Après trente ans écoulés, je suis encore
profondément ému au souvenir de tant
de dignes camarades victimes de la Convention. Ceux de Loyal–Émigrant et de
d'Hervilly - Royal – Louis sont particulièrement présens à mon esprit et à mes affections (1). Je me rappelle dans ma solitude
notre bon, juste et sévère colonel, le général d'Hervilly, si remarquable par sa bra-
voure et son activité; le sage M. d'Attilly,
déjà avancé en âge; M. de Boissieux, maré-
chal – de – camp, capitaine des grenadiers,
mort, ainsi que ses lieutenans, MM. de Chiésa

---

(1) Parmi ceux de Royal-Louis qui purent trouver
à s'embarquer dans la désastreuse matinée du 21 juillet 1795, je nommerai d'abord notre colonel, qui fut
déposé mourant dans un canot au port d'Orange ; ensuite MM. le vicomte et le marquis de Balleroy, de
Grammont, marquis de Blainville, de Parseval, de
Saint-Didier ; le marquis de Crenai, blessé ; le chevalier de Gilliers, de Suzanet, de Vauzelmont, de
Chambrulart, Delcey, le baron de Chalençay, et
parmi les officiers des autres corps dont j'ai gardé le
souvenir, je citerai M. le comte Bozon de Périgord,
de Martigny, le marquis de Contades, le marquis de
Chambray, M. le président Brisson. . . . .

et de Montlezun, de leurs blessures en arrivant dans la rade de Spithead.

Qu'il me soit permis de rendre ici un dernier hommage à la mémoire de mes camarades du régiment d'Hervilly, tués en combattant pour le roi, ou fusillés après avoir comparu devant les commissions militaires. Je ne peux oublier mon ami M. de Beaufort, non plus que MM. de Graves, de la Chapelle, d'Hudebert, de Bonafau, de Briges, d'Avaray, de Charbonnau, le père et le fils d'Arbouville, Pécholier, de Saint-Cran......

Il m'arrive encore de m'asseoir en imagination dans les prisons d'Auray et de Vannes, et d'y promener tristement les yeux sur MM. de Soulange, de Senneville, de Roüault, de Broglie, de Rieux, du chevalier Duverne, de Lanty, de Lichy, ces trois derniers mes anciens camarades.

Il me semble voir encore M. de Folmont, capitaine du génie, commandant du fort Penthièvre, au moment où notre compagnie arrivait au pied du fort surpris; je le vois tout ému, troublé, les cheveux hérissés, exprimant le désespoir où le mettait la trahison qui venait de livrer ce poste à l'ennemi.

Ici, l'amitié exige de moi de rappeler un fait. La garde du fort Penthièvre avait été confiée, en partie, dans la nuit qui nous fut si fatale, à une compagnie du régiment de Périgord, sous les ordres de M. Christian de Lamoignon. Mon ami Achille de Rancourt, retiré aujourd'hui à Gien-sur-Loire, alors volontaire dans ce régiment, était en faction. Par une obscurité que tous les élémens conjurés concouraient à rendre affreuse, M. de Rancourt voit un homme monter à lui, crie : *Qui vive?* ne reçoit pas de réponse, et fait feu. A l'instant il est atteint de deux coups de fusil, dont un à petit plomb, et d'un coup de baïonnette. Tout ensanglanté, ne pouvant plus tenir son arme, il descend au camp retranché où il trouve M. de Lamoignon, et ce capitaine, instruit par lui de ce qui se passait au fort, y montait, lorsque, voyant mon ami hors de combat, il lui donna l'ordre d'aller se faire panser. Mais M. de Rancourt supplia son chef de lui permettre de ne pas se séparer de lui, et tandis qu'ils pénétraient ensemble dans le fort, la poitrine de mon ami fut de nouveau atteinte d'une balle. Aujourd'hui M. de Rancourt trouve dans l'élévation de son caractère la récompense de son courageux dévouement.

Avant de m'arracher à ces attachans et pénibles souvenirs, je n'omettrai pas celui du baron de Damas, major du régiment d'Hervilly, si remarquable par sa taille élevée. Je le vois encore au cri répété de cet adjudant-général qui nous disait de nous jeter à la mer, piquer son cheval et entrer dans les flots, avec l'espoir de gagner un canot peu éloigné. Une vague le sépara de son cheval : deux fois il revint sur l'eau, et disparut.

Que de grâces j'ai à rendre à la divine Providence des incidens heureux qu'elle a toujours fait arriver à mon secours dans les momens les plus désespérés de ma vie, non-seulement à Quiberon et à Vannes,.... mais déjà précédemment, le 10 août, lorsque j'échappai au massacre qui eut lieu au château, après que leurs majestés et toute l'auguste famille eurent quitté cette résidence' royale !....

Mon premier bonheur est d'avoir pu sortir des barrières de Paris le 13 août, et de m'être trouvé le 2 *septembre* à l'armée des princes, au ralliement de l'honneur.

Après cette campagne, voulant me rendre avec douze de mes camarades de Flessingue à Douvres, un contrebandier anglais nous conduisit à Calais, et si nous n'y fûmes pas égorgés, comme le voulaient des cannibales qui avaient reconnu parmi nous M. de Saint-Ouen et M. le curé de Saint – Patrice de Rouen, nous dûmes la vie aux honnêtes gens de Calais qui eurent assez de fermeté pour empêcher à différentes reprises que nous ne fussions massacrés en prison. Après trois semaines d'angoisses nous pûmes remercier nos généreux libérateurs, et aborder la terre hospitalière de l'Angleterre.

C'est à juste titre que j'exprime ici, trop faiblement sans doute, la reconnaissance de mon cœur envers la Providence, lorsque je me trouve, par ses bienfaits, jouissant aujourd'hui d'une heureuse indépendance et des douceurs attachées aux affections de famille, après les dangers dont je viens de tracer le tableau.

J'ai lu avec le plaisir que fait éprouver tout ce qui sort de la plume de M. le duc de Lévis, une lettre très-intéressante adres-

sée au *Conservateur*, à la date du 6 août
1819, par cet illustre pair de France qui
avait été blessé à l'affaire du 16 juillet. On y
voit le touchant détail de son transport le
21 juillet, avec un drapeau du régiment
d'Hervilly, dans un des canots envoyés au
port d'Orange par l'escadre anglaise, et j'ai
acquis par ce récit la consolante certitude
que les deux drapeaux de d'Hervilly–Royal-
Louis ont été embarqués, puisque j'ai sauvé
celui du second bataillon à l'Anse, près le
port Aliguen.

Je n'oublierai jamais que j'ai eu l'honneur de faire ma cour à monseigneur le duc
de Bourbon pendant le peu de temps que
S. A. R. a séjourné à l'Ile–Dieu, où le zèle
de servir la monarchie l'avait porté à se réunir à Monsieur pour en chercher l'occasion.

A bord du vaisseau *le Jason*, à la suite
de S. A. R. Monsieur, étaient M. le comte
François d'Escars, M. le chevalier de Puy-
ségur, M. le duc de Maillé, M. le comte
Charles de Damas, M. le comte de Séran,
M. le baron de Roll, M. le comte de la Chapelle, M. le marquis de la Rosière, M. l'abbé

de Latil, M. Belleville, secrétaire, et M. Forestier, médecin.

Je dois rectifier, autant qu'il est en mon pouvoir, une erreur fort injuste qui s'est répandue dans le temps, et qui a fait attribuer aux Anglais la catastrophe de Quiberon. J'affirme avec toute la franchise de mon caractère, que c'est une calomnie..... Je n'ai jamais vu, dans tout ce qui s'est passé sous mes yeux, la moindre chose qui pût faire apercevoir en eux une arrière-pensée, ni aucune disposition à désirer la non-réussite de l'expédition. Bien loin de là, on ne peut nier tous les efforts que le gouvernement et la marine anglaise ont fais pour protéger la défense et soutenir l'armée. Après le désastre, la loyauté, le zèle, l'humanité du commodore sir John Warren ont été appréciés par tous les Français qui ont été à portée de le connaître, et il est impossible d'employer plus d'activité que ne l'a fait le brave capitaine Keats, de la frégate *la Galatée*, pour procurer le rembarquement de tous ceux qu'il a pu sauver du fer des républicains. On a vu le service essen-

tiel que les chaloupes canonnières anglaises
nous rendirent pendant notre retraite du
16 juillet. Sans doute il peut avoir été tenu
quelques propos indiscrets et peu fondés, par
des officiers anglais subalternes : des Français
désolés de leur malheur et du supplice de
leurs amis qu'ils avaient laissés à terre, ont
pu s'irriter de ces propos ; mais sans récri-
miner sur les fautes qui ont été commises,
on peut dire que les commandans de l'une
et de l'autre nation ont eu beaucoup trop de
confiance dans la position du fort Penthièvre que l'on avait comparé bien à tort à un
petit Gibraltar. Une preuve encore de la
bonne foi des Anglais dans cette expédition,
c'est l'immense quantité de tonnes, de cais-
ses, de ballots, de provisions de guerre et
de bouche de toutes espèces que j'ai vu
amoncelées autour de la cathédrale de Vannes, et qui, apportées par les Anglais pour
l'armée royaliste, devinrent la proie des
républicains dans le port d'Orange, où tous
ces effets avaient été débarqués beaucoup
trop tôt. La haine de Buonaparte contre le
gouvernement anglais et contre l'auguste

famille des Bourbons, a contribué depuis à faire répéter cette calomnieuse accu-
sation dans plusieurs ouvrages commandés
ou altérés*; par exemple, dans celui de M. le
comte de V... que j'avais lu en Angleterre
avant qu'il fût, par autorité, falsifié en
France.

En rejoignant les débris du régiment à
Lyndhurst le 3 janvier 1796, dans l'espoir
de revoir bientôt notre colonel le comte
d'Hervilly, dont la blessure s'était fermée,
j'eus le chagrin d'apprendre qu'il venait de
mourir subitement à Londres.

L'esprit de franchise et de justice qui me
guide dans ce récit m'oblige de dire à la
louange du comte d'Hervilly, que notre régiment, composé d'officiers de toutes armes,
de tous âges, rangs et grades, fort de treize
cents soldats rassemblés de partout, la plupart
malheureusement dans les prisons d'Angleterre, et parmi lesquels il y avait beaucoup
de matelots, espèce d'hommes très-difficiles
à former aux exercices et aux manœuvres,
devint, malgré ces obstacles, et en peu de
mois, par les soins, l'activité, la justice et la
présence constante de son chef, un modèle

de discipline , de subordination et d'instruction.

Mon excellent et brave ami M. de Cazotte (1) qui fut deux fois mon camarade dans la dernière garde du roi Louis XVI et dans le réiment de La Châtre, m'a fait part, depuis que j'ai tracé ce récit, de quelques notes qu'il a recueillies sur les événemens de Quiberon, où il était employé dans le corps du génie. En les comparant avec mes observations particulières, je lui dois la justice qu'il me rendra sans doute lui-même, de dire que nous nous rapportons exactement à l'égard des faits principaux. Mon ami, sachant nager, eut le bonheur de pouvoir joindre un canot dans la fatale journée du 21 juillet. Il s'est marié depuis à Lisbonne à une demoiselle de Toulon, qui fut embarquée au moment où cette ville fidèle allait retomber entre les mains sanguinaires de la Convention. Devenu père de six enfans, plus riche de souvenirs et de beaux faits d'armes que des biens de la fortune, dans ce·siècle où

______

(2) Fils de l'auteur du *Diable amoureux* et de tant d'autres charmans ouvrages.

l'argent s'efforce de prendre le pas sur l'honneur, il vit à Versailles, considéré, aimé par tous ceux qui savent apprécier le mérite et la vertu.

Lors de l'embarquement du régiment Royal-Louis à Southampton, nous ignorions le lieu où l'on voulait nous conduire; on laissa penser que ce serait à Jersey ou à Guernesey.

Étant arrivés de notre quartier de Lyndhurst à Southampton, et mis en bataille le long du port, des commissaires de la marine anglaise s'emparèrent de nous d'une telle manière, que notre colonel, M. d'Hervilly, nous ayant commandé par le flanc droit pour donner aux commissaires la facilité de nous compter, ceux-ci, après avoir trouvé le nombre d'hommes que pouvait contenir chaque vaisseau de transport, coupaient les files avec leurs épées, et nous faisaient partir en remettant à un officier le nom du bâtiment et le nombre d'hommes qu'il devait recevoir.

Étonnés de cette manière de procéder, des capitaines firent des observations soutenues par M. d'Hervilly ; mais elles ne furent point écoutées, et nous nous trouvions à bord cinq officiers pour deux cent quarante hommes de trois compagnies différentes, à la portion d'une desquelles il n'y avait pas même de sergent.

Ces commissaires nous embarquèrent comme des tonneaux, tant pour tel vaisseau, tant pour tel autre, abstraction faite de toutes considérations, de discipline et de subordination ; chose très-essentielle, surtout pour notre régiment composé en grande partie de prisonniers républicains et de plus de matelots que de soldats. Ils suivent, dit-on, la même méthode pour leurs propres troupes.

Aussi pendant la traversée le sergent-major Kibre vint un jour avertir M. de Beaufort, notre commandant, que sept à huit mauvais sujets de cette portion de compagnie, sans officiers, complotaient de s'emparer du vaisseau et de cingler vers un port de France. Nous engageâmes le fidèle Kibre à redoubler d'attention par tous les moyens cachés et d'insinuation qu'il

pourrait imaginer, pour empêcher la réu-
nion des hommes dangereux, et à nous
avertir sur-le-champ, si, malgré toutes ses
précautions, un complot venait à se former.

Heureusement ces soldats félons ne purent
alors exécuter leur projet de trahison. Le
succès en était moins difficile qu'on ne
pourrait le penser, car l'équipage anglais
n'était composé que de quatre hommes et
d'un mousse, et l'on comprend combien
sept ou huit hommes déterminés, agissant
spontanément, auraient pu avoir de chances
favorables en déclarant tout-à-coup aux soldats leur espérance de s'enrichir d'abord de
l'argent et des dépouilles des officiers, et les
grandes récompenses qu'ils ne manqueraient
pas d'obtenir en amenant à la république un
vaisseau anglais.

Je dois dire que la veille du départ de
Lyndhurst plusieurs capitaines proposèrent
à M. d'Hervilly de laisser au dépôt du régiment les hommes qu'ils connaissaient comme
les plus dangereux de leurs compagnies. Il
leur répondit que, s'il devenait nécessaire
de punir, il vaudrait mieux que les exemples

fussent faits sur ces mauvais sujets, dans le cas où ils s'exposeraient aux peines portées par les ordonnances militaires.

Il est arrivé trop souvent que des chefs, que des généraux d'armée, des ministres ont compromis, sans le vouloir, leurs subordonnés et même le salut des États, pour n'avoir pas voulu voir, écouter, agir à propos, selon la justice et les circonstances. L'histoire est pleine de désastres, de grandes catastrophes qui auraient pu, dès le principe, être facilement évités par de légères précautions. La plupart des personnes qui ont survécu à de grandes fautes, à de grands malheurs, ne trouvent l'histoire intéressante et profitable que trop tard, encore n'en profite-t-on guère.

Un de ces sept ou huit mauvais sujets, nommé David, simple soldat, déserta à l'ennemi au commencement de la nuit du 20 au 21 juillet, et apporta au général Hoche de nouveaux renseignemens sur la situation intérieure des troupes dans la presqu'île, avec le mot d'ordre qu'il eut je ne sais comment. Ces connaissances positives déterminèrent les généraux ennemis à profiter aus-

sitôt de la nuit, extrêmement noire et ora-
geuse, pour exécuter la surprise du fort
Penthièvre. Il est véritablement à regretter
qu'après le rapport fait aux chefs du complot de ces mauvais sujets, ils n'aient pas été
immédiatement renvoyés dans les prisons
d'Angleterre. La préoccupation des grands
intérêts au moment du débarquement des
troupes, fit sans doute négliger de donner
cet ordre de sûreté.

Je ne dois peut-être pas omettre de rappeler que nous vîmes pendant la traversée
des vaisseaux de l'amiral Bridport donnant
la chasse à des frégates de la république,
après le combat qui avait forcé l'escadre sortie de Brest de se sauver au port Louis et
de laisser la mer libre pour le passage du
convoi qui nous amenait dans la baie de
Quiberon.

Le jour de notre débarquement sur la
plage de Carnac, M. de Beaufort m'avait
engagé à rester le dernier sur notre transport pour faire charger nos bagages et amener avec moi le reste des hommes que n'a-
vaient pu contenir les chaloupes du premier

envoi. Le capitaine du bâtiment cherchait sur ses cartes marines à connaître la rade où nous avions mouillé ; je le priai de me l'indiquer : il me montra sur sa carte la baie de Bourneuf (1). Je dessinai les contours de cette baie et le point où se faisait le débarquement, croyant reconnaître, en effet, les clochers des villages, les hauteurs et positions, et j'étais persuadé que nos chaloupes allaient droit vers l'abbaye Blanche, en l'île de Noirmoutier. Très-content d'avoir ainsi l'esquisse du théâtre de nos premiers mouvemens en France, je dis à mes camarades, lorsque je les eus rejoints sur le tertre élevé où le général d'Hervilly avait mis en bataille les troupes débarquées : « Eh bien ! Messieurs ! nous voici dans l'île de Noirmoutier, bien près de M. de Charette. » A mon grand étonnement il me fut répondu que nous étions arrivés dans la rade de Quiberon, et que le clocher que nous avions en face était celui du bourg de Carnac.

---

(1) La baie de Bourneuf ou de Noirmoutier est à vingt lieues au sud de la baie de Quiberon.

On voit que le secret de l'expédition était bien gardé, puisque le capitaine du transport ignorait si complètement le lieu du débarquement, à moins peut-être que ce ne fût ignorance des lieux.

Lorsque je passais avec mes soldats derrière la ligne du régiment pour prendre notre rang de compagnie, je vis un soldat se moquant d'un corps de chouans qui était venu se mettre en bataille en face de la ligne de nos troupes débarquées. Certes, j'avais été étonné au premier coup-d'œil du costume, des figures et tournures de ces fidèles Français qui avaient l'air de sauvages ; mais sentant l'importance de faire respecter ces braves Bretons amenés au-devant de nous par *Georges* et son second, le capitaine *la Vendée*, je fis aussitôt rentrer dans son rang ce mauvais sujet, en appuyant ma remontrance d'un coup de plat d'épée sur l'épaule. Cet homme déserta de Carnac le soir même ; il fut pris et ramené par des chouans : on en fit un grand exemple. C'est le seul du régiment d'Hervilly-Royal-Louis qui ait été fusillé. Il mourut en vrai scélérat. Déserteur des troupes républicaines en Hollande, cet homme, après y avoir maraudé et commis des horreurs, avait passé en Angleterre ; il fut envoyé et recommandé, on ne sait pourquoi, par M. Pitt à M. d'Hervilly. Ce colonel eut occasion de faire envisager à M. Pitt le danger d'admettre un déserteur si mauvais sujet dans son régiment composé de tant de prisonniers, mais il lui fut répondu « qu'un homme en valait un autre. » Assertion dont l'expérience prouve sans cesse la fausseté. Que les commissaires qui nous avaient embarqués comme des tonneaux à Southampton, pensassent qu'un homme en vaut un autre, cela se conçoit de leur part ; mais ce qui doit étonner, c'est qu'un homme d'État, comme M. Pitt, ait fait une telle réponse à M. d'Hervilly.

Un vice irrémédiable existait dans la formation des corps d'émigrés à la solde du gouvernement anglais, particulièrement dans les derniers régimens formés en Angleterre. Les officiers, différens d'âges, d'éducation, de rangs, de grades, d'habitudes, et pris dans toutes les armes, se connaissant peu ou point, ne pouvaient, malgré leur zèle, faire un tout homogène, surtout avec des sous-officiers et soldats dont un petit nombre était de l'ancienne armée, mêlés à des inconnus recrutés sur le continent, et à des républicains prisonniers, qui, pour éviter l'ennui de la réclusion, avaient consenti à servir sous nos ordres. Cependant, malgré ce vice radical de formation, il y avait lieu d'espérer un grand succès, je dirai même une commotion générale en France de la part des royalistes de toutes les provinces et même de Paris. On était si excédé de la tyrannie démagogique; il était si impossible qu'un régime odieux et vexatoire, sous tous les rapports, pût durer chez un peuple naturellement gai, léger, aimant et plein d'honneur, que je n'hésite point à croire que le temps du rétablissement de la monarchie ne fût venu. Ce grand événement n'a peut-être tenu qu'au défaut d'ensemble dans l'opération, qu'au manque de jonction à Southampton, non-seulement des cinq régimens de Périgord, de Damas, de Rohan, de Salm et de Béon, qu'amena depuis M. de Sombreuil, mais encore de la brigade anglaise et des autres forces qui appuyèrent l'arrivée de S. A. R. Monsieur.

Avec le renfort, faible en apparence, de ces vieilles troupes, il aurait été possible de former de grosses colonnes des royalistes de l'intérieur, ayant en tête des soldats aguerris, commandés par des officiers expérimentés. Les chouans, armés et habillés, nous auraient d'abord aidé à faire nombre, et à mesure que nous aurions gagné du terrain, occupé des villes, des ports, reçu des soldats et des officiers *bleus*, dont la plus grande partie ne servaient la république que par contrainte; les premiers chouans auraient pu retourner dans leur pays affranchi, et nos succès croissant avec la rapidité que prennent les sensations généreuses parmi les Français, nul doute que l'échafaudage républicain ne se fût écroulé devant S. A. R. Monsieur, comme devant l'astre bienfaisant fait pour ranimer la France.

Ceci n'est point un rêve que je fais trente ans après le désastre de Quiberon. Cette tentative était raisonnée et fondée ; et si le succès ne l'a pas couronnée, je crois que je viens de signaler la principale des causes qui se sont jointes aux chances de la guerre pour l'empêcher de réussir.

L'histoire apprend que de grands événemens, que des révolutions majeures sont arrivées par des moyens infiniment plus petits que ceux que nos princes et le gouvernement britannique avaient préparés en 1795.

Le jour où l'escadre du commodore sir John Warren quitta la rade de Quiberon, le signal étant fait de lever l'ancre, et l'ordre donné en conséquence par le capitaine Stirling à son vaisseau *le Jason*, l'équipage se mit en devoir d'obéir. Je me rappelle à cette occasion une petite scène nouvelle et assez divertissante pour S. A. R. Monsieur et pour les Français à sa suite. Le cabestan était garni de quarante matelots qui viraient facilement le cable au son des instrumens ; mais quand le vaisseau fut arrivé à pic sur son ancre fortement prise au fond de la mer, alors le capitaine, pour encourager

les matelots à l'enlever, s'écria : *Vive le Roi !
vive la Reine ! vive la Marine royale !* Les
fifres et les tambours avaient beau presser la
mesure de leur musique, l'ancre ne venait
pas ; alors le capitaine Stirling, prenant des
garcettes (cinq ou six petites cordes liées
ensemble par un bout), se mit à taper à
tort et à travers sur le dos des matelots qui
se pressèrent si fort pour éviter les coups,
que leurs efforts réunis amenèrent l'ancre.
S. A. R., en complimentant le capitaine, lui
dit, avec ce sourire aimable qui lui est si naturel : « Il aurait été à désirer que vos premiers encouragemens eussent suffi pour
amener l'ancre rebelle. » Mais l'actif et sévère capitaine répondit à notre auguste
Prince, en montrant les garcettes qu'il avait
jetées de côté : « Sans ce moyen-là, Monseigneur, l'ancre n'aurait pas cédé. »

Je citerai encore un trait du capitaine
Stirling qui prouve combien la discipline et
la subordination sont sévères dans la marine
anglaise. Il avait donné l'ordre à un *midshipman* (garde de la marine) de prendre le
commandement du canot pour reconduire

un officier supérieur qui était venu recevoir
les ordres de S. A. R. Monsieur; ce jeune
homme n'exécutant pas assez vite, le capitaine lui adressa un mot bref, auquel le
midshipman eut le malheur de répliquer;
alors M. Stirling, irrité, lui donna un coup
de pied, et, lui montrant la grande vergue,
lui ordonna d'y monter, de l'enfourcher et
d'y passer trois heures. Il obéit à l'instant.
Le général Doyle, à mon arrivée sur le vaisseau, m'avait placé à la table du jeune capitaine Frank Doyle son fils, qui était celle
de six ou sept midshipmans et de mon ami
M. de Closier. Le soir à souper j'y vis le
jeune homme encore ulcéré contre le capitaine Stirling.

Aussitôt que l'escadre eut mouillé dans la
baie de Bourneuf, et que le commodore sir
John Warren, accompagné de feu M. de
Vaugiraud, furent venus auprès de S. A. R.
Monsieur, il fut tenu conseil à bord du
Jason. La grande chambre avait été parta-
gée en trois parties par des tapisseries; je
travaillais dans celle occupée par le général
Doyle. Le conseil étant assemblé, je montai

sur le pont, examinant les contours de cette
baie, fixant particulièrement les yeux sur
l'île de Noirmoutier que nous avions en
face.

J'étais sur le pont depuis une demi-heure
à peine, quand je vis le général Doyle y
remonter et venir droit à moi tout échauffé,
en me disant: « Je ne veux pas qu'un malheur
pareil à celui de Quiberon soit renouvelé
sous mon commandement. — De quoi
s'agit-il donc, général? — Les jeunes gens
parlent de faire une descente sans savoir
quelle est la force de Noirmoutier. » Le général me dit ensuite, sur quelques mots que
je lui avais adressés pour le calmer : « Non,
je ne serai point assez imprudent pour con-
sentir à un débarquement. Je n'ai que deux
fois quatorze cents hommes, il n'y a de chaloupes que pour en contenir la moitié; et si
mes premiers ne réussissent pas, en débar-
quant, à prendre position, j'aurai l'extrème
douleur de voir périr la moitié de mon
monde. Non, mon cher, je ne permettrai
pas une tentative pareille..... » Puis il ajouta
vivement : « D'ailleurs, j'ai l'ordre de ne

débarquer le Prince que dans le cas où je verrai les baïonnettes de Charette. » Hélas! M. de Charette ne pouvait plus rien, il était cerné dans sa position de Belleville par l'armée du général Hoche.

S. A. R. Monsieur étant remontée sur le pont, vint au général Doyle, et lui parlant avec cette affabilité et cette bonté obligeante qui lui gagnent tous les cœurs et calment tous les esprits, le Prince excusa l'empressement manifesté au Conseil d'opérer un débarquement, louant la prudence du général de suivre ponctuellement les ordres de son roi, et convenant avec lui de la nécessité de se faire instruire auparavant des forces stationnées à Noirmoutier et sur les côtes voisines.

En conséquence, le comte de Séran fut envoyé en parlementaire à Noirmoutier, et quelques canots furent rôder autour de l'île pour observer les plages et les batteries. On apprit au retour de M. de Séran qu'il n'y avait guère que sept à huit cents hommes de troupes républicaines; que leur commandant avait demandé un armistice de vingt-quatre heures ; qu'au reste il s'était exprimé avec décence et politesse au sujet de notre auguste Prince.

Le lendemain nous sûmes que la garnison de l'île de Noirmoutier avait été augmentée de deux mille hommes arrivés de la grande terre par un passage qui se trouve à sec dans les marées basses. Peu de jours après, l'escadre leva l'ancre et fut prendre l'Ile-Dieu.

Voici à peu près tous les souvenirs particuliers qui se sont offerts à ma mémoire, et si quelques personnes ayant fait partie de l'expédition de Quiberon ou de celle de l'Ile-Dieu, pouvaient être fâchées de ne pas trouver leurs noms dans mon récit, je les prie de m'excuser, car ce serait un oubli involontaire de ma part, ou elles n'auraient eu aucune relation avec moi, soit dans le temps du service, soit dans l'espèce d'agonie de nos différentes prisons.

L'époque de la catastrophe de Quiberon est déjà éloignée. Les hommes et les choses vont si vite dans ce siècle; il s'est passé et il se passe encore de si grands événemens,

que la mémoire en est pour ainsi dire sur-
chargée; mais l'ame qui a été fortement
émue se reporte avec chaleur aux momens
où l'on a été appelé à remplir un grand devoir, où l'on a senti une vive espérance,.....
un profond malheur,..... et les cœurs blessés
par la perte de tant d'amis, de parens, de
compagnons d'armes, saignent encore au
récit du désastre de Quiberon.

Aujourd'hui d'ailleurs, quelles que soient
les nuances d'opinion qui peuvent encore
diviser les esprits, il reste parmi les souvenirs sanglans de la révolution, de grands cri-
mes politiques que les honnêtes gens de tous
les partis ont voués à une horreur unanime,
parce que ces lâches attentats ont blessé plus
violemment des sentimens ineffaçables dans
les cœurs français, l'honneur et l'humantié.
Le massacre de Quiberon est certainement
un de ces forfaits les plus odieux d'une époque si riche en cruautés de tout genre, et
sur le monument expiatoire que les offrandes
de nos princes et des royalistes élèvent *dans
la prairie des martyrs* aux mânes des illustres

victimes, l'indignation peut être figurée à côté de la pitié (1).

Mais enfin, après de longs malheurs, rendons grâce à l'auguste famille de nos Rois, qui est venue cicatriser nos blessures, consoler la patrie et calmer de si douloureux souvenirs.

---

(1) Déjà depuis plusieurs années la poésie s'est emparée avec bonheur de ce sujet si noble et si touchant, et nous ne pouvons nous empêcher de rappeler ici la belle Ode de M. Victor Hugo sur *Quiberon: Par ses propres fureurs le maudit se dévoile,* etc..., dans laquelle le poëte s'est élevé à la hauteur du dévouement qu'il célébrait.

FIN.

TABLE

DES MATIÈRES.